山登り12ヵ月

四角友里

はじめに

「山登りをしてみたい」
その気持ちが、すべてのはじまり。
どんな人にも、一歩を踏み出せば
自然がみせてくれる特別な景色が待っています。

この本では、個性も難易度も異なる
いろいろな37山を、
12ヵ月にわたって、ご紹介しています。
そのほとんどは、山仲間とともに、ときにはひとりで
歩いた山から選びました。
きっかけや目的、親しみ方もさまざまな
山との思い出を綴っています。

日本の美しい四季を通じて山を歩くと
それぞれの魅力や感動に出会えます。
春夏秋冬、季節に寄り添えば
12ヵ月でまたひとめぐり。
紡がれていく命の尊さや感謝を

感じるようになりました。

背の高い山も、低い山も。
こだわりの山ごはんも、カップラーメンも。
荘厳な眼差しをくれる遠くの山も、
街のちかくで微笑む山も。
がむしゃらに、どっぷりと山にひたりたいときも、
お散歩気分で、ちょっとだけ握手でもするように山へ行くときも。
どれも比べられるものではなく、どれもが愛おしくって。
すべてが山の魅力、と思うのです。

ご紹介できた山は、ほんの一部ですが
私と山との物語が、山選びのための小さなアイデアや
自分らしく山を歩むヒント、
山の楽しみを広げる引き出しになればと思います。
３６５日、いつだって、自然は私たちのそばにあります。

ページをめくりながら
「次は、どこへ行こう」とウズウズしてもらえたら、
なによりうれしく感じます。

CONTENTS

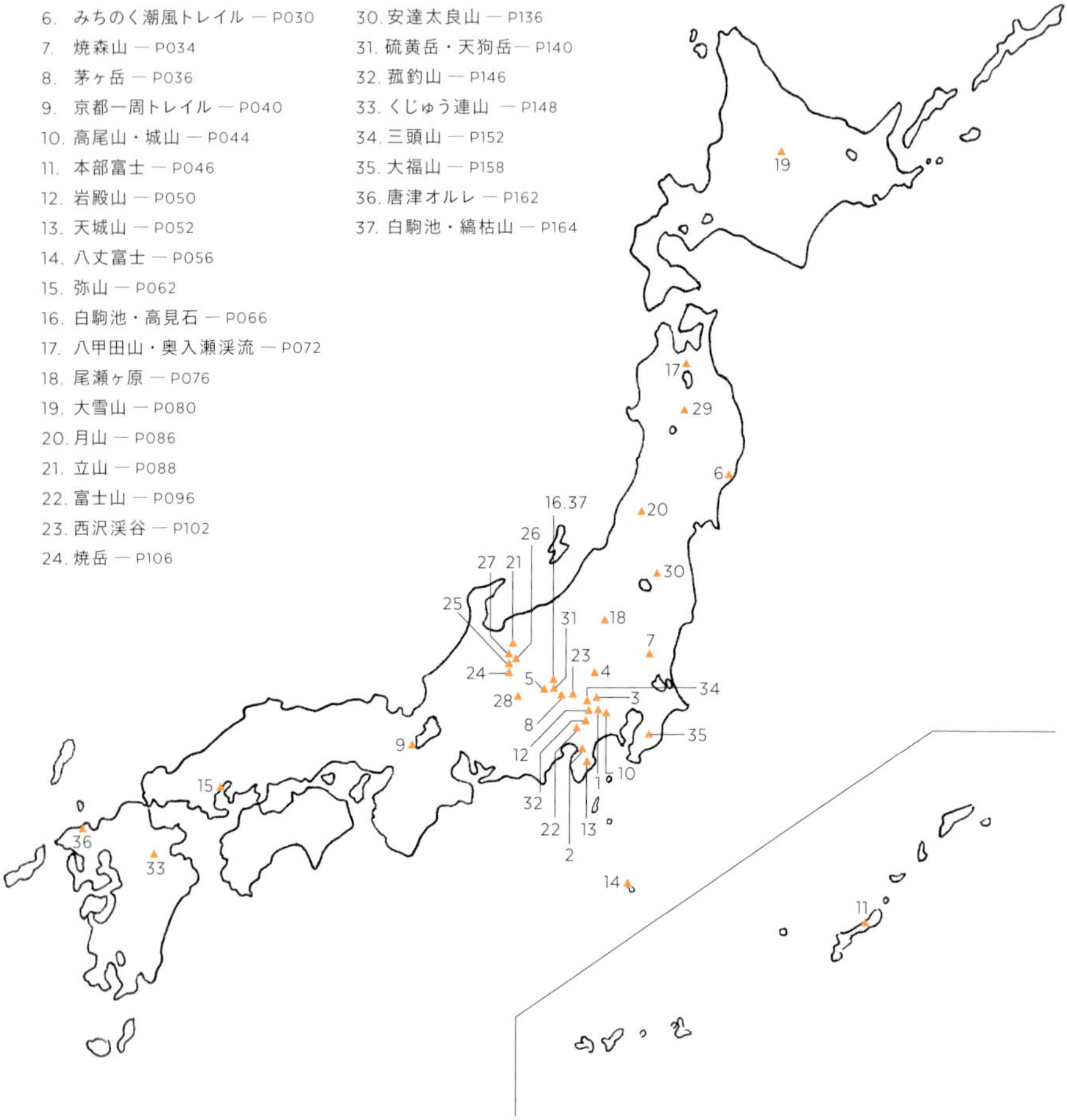

○ 本書は、四角友里が歩いた山や道を紹介するエッセイ&ガイドです。
○ 紹介コースは初心者が問題なく歩けるものから、登山経験や技術、体力が必要とされる上級者向きの山まで、難易度はさまざまです。山のレベルを参考に、自分の力量を考慮して計画を立てるようにしてください。

山のレベルの目安
初級：歩行時間が 3 時間前後で、登山に慣れていない人でも歩きやすいコース
中級：歩行時間が 5 時間前後で、山慣れてきてから行ってほしいコース
上級：歩行時間が 6 時間以上で、岩稜帯や難所があり、総合的な経験が必要になるコース

○ コースタイムは標準的な所要時間です。休憩時間は含みません。
○ 掲載情報は 2018 年 5 月時点のものです。
アクセスや登山道の状況、山小屋や店舗の最新情報などは、事前に確認をお願いします。

1
月

JANUARY

山のうえでお餅つき

景信山 − 東京都・神奈川県

「山頂で餅つきをしましょう」と誘われたら、耳を疑うのは私だけではないはずだ。そんなわくわくする日本ならではの体験を、高尾山の少し奥、景信《かげのぶ》山ですることになった。

杵と臼、蒸した餅米は景信茶屋が用意してくれるので、持参するのは、きな粉やあんこ、大根おろしなど好みの具のみ。お雑煮作りの湯沸かしをラクにするため、各自、お湯を魔法瓶に入れて持って行こうと決まった。参加者は総勢22人。11時に景信山集合だ。

茶屋のご主人が、餅米をすり潰す作業、〝半殺し〟をしてくださる。そして仲間たちで代わるがわる餅をついていくと、餅に粘り気と艶がでてきた。一振りごとに熱が入り、調子がでてきたころには、初対面の人とも一致団結。連帯感が楽しい。

さて、ついに私の番。気合は充分、思い切り杵を振りおろす。「ぺちょん!」……脳内イメージとは違う、なんとも頼りない音がした。餅つきなんて幼稚園の行事以来だろうか。いや、人生初の餅つき体験が、この景信山かもしれない。かけ声と笑い声が山頂に飛び交っていた。山のてっぺんで食べる、つきたてのお餅は、それはもうおいしくって、われを忘れてたらふく食べた。

お腹がいっぱいになったころ、餅つきに気を取られていたけれど、お餅のように真っ白な雪を纏った富士山に見守られていたことに気づく。今日は最高の〝ハレの日〟だ。餅つきは縁起のいい日本の伝統行事。「山へ行く」のも、私にとっては神聖で心躍る、〝ハレ〟の行為だから。

景信茶屋での餅つきの予約は2升分から。10人くらい集まれば食べ切れる。いつか自分が誰かを誘う側になって、山で新年会をしようと心に決めた。お花見の時期もいいかもなぁ。

山に行くたびに私は満たされ、そしてつぎの夢を見つけて帰ってくる。その繰り返しで日々や人生が紡がれていく。ふくれあがった幸福感とともに、山を下りた。

GUIDE　高尾山と陣馬山の縦走路のほぼ中間にある景信山は、山頂からの眺めがよいことで知られている。晴れていると富士山や奥多摩の山々、新宿や横浜などの街並みが一望できる。景信茶屋では、原木なめこを使ったなめこ汁や、ボリューム満点の山菜のてんぷらをぜひ！

LEVEL　初級：ハイキングデビューにおすすめ。

ACCESS

〈往復〉

JR新宿駅

↕ 中央線 50分

JR高尾駅

↕ 京王バス 21分

小仏バス停

＊新宿から京王電鉄で高尾駅に向かうルートもあり。

COURSE TIME

TOTAL 2h30min

① 小仏バス停

↓ 1時間

② 小仏峠

↓ 40分

③ 景信山

↓ 50分

① 小仏バス停

餅つきセット

＼6500円！／

杵と臼、蒸したての餅米ひと臼（約2升）のセット。景信茶屋 ☎ 080-6559-9546

納豆も人気！ 箸や皿、調理道具、ゴミ袋は各自で。保存容器やお手拭きを多めに用意すると◎

KAGENOBUYAMA 景信山 ｜ 東京都・神奈川県

相模湖や富士山の眺め。冬は空気が澄んで景色がくっきり

歩きやすい道なので子ども連れや山ビギナーも誘いやすい

沼津アルプス ― 静岡県

地元愛あふるるミニアルプス

「アルプス」という響きからは、3000m級の日本アルプスといった壮大な高山を思い浮かべるけれど、私が冬に好んで行くのは、日本アルプスよりも標高がひと桁低い「ご当地ミニアルプス」だ。

なかでも1月に歩いた静岡の沼津アルプスは最高だった。ここは伊豆半島に連なる、香貫《かぬき》山から大平《おおひら》山までの7つの山並みの総称で、昔から地元のハイカーに親しまれてきた。全山踏破には7時間ちかくかかるから、私たちは徳倉《とくら》山から鷲頭《わしず》山へと4時間弱のショートカットコースを歩くことにした。山のあとのお目当てはもちろん、沼津港の冬の海の幸。

富士山や駿河湾の大展望、激しいアップダウンやロープ場（油断していると大変なことに！）、そこで得られる縦走感。風は冷たいけれど伊豆特有のポカポカした気候、無人販売所のみかんジャムや沼津港グルメ……噂にたがわず、楽しい要素が盛りだくさんで、友人たちと「〝海も山も〟っていいね」と、何度言いあったかわからない。こんなホームマウンテンが近くにある人がうらやましい！

そして、私の思う沼津アルプスの最大の魅力は「愛を感じる山」だということ。道中の手作りの標識に味わいがあり、ものすごくかわいらしいのだ。方向指示も正確で、しかも現在地が感覚的にわかるような色の工夫もある。「北ア（北アルプス）」のように、「沼ア」と略す、お茶目さや心ばえにも感動してしまった。矢印の先に「グルメ街」なんていうそそられる文字もあり、地元の人の「わが山」への思い入れや、もてなしの心がぎゅっと詰まった看板。これは「愛」だ。これを愛と呼ばずして、なんと呼ぼう!! 愛を感じる山は、幸せ度が確実に上がる。

山歩きをしていなかったら乗ることはなかったかもしれない路線の先の、誰かの地元の山。どんな山も、きっと誰かにとっての特別な山だから、その魅力を知りたいと思う。また、友人や山小屋で出会った人から、お気に入りの山をお薦めしてもらうと、歩いてみたくなる。それは、ネットの情報や難易度だけでは測れない、その人の血の通った愛も手渡されたような気持ちになれるから。

その点、ご当地ミニアルプスは、まさに地元愛を感じる山。日本各地には、アルプスの愛称で親しまれている、知名度や由来、難易度もさまざまな「ご当地ミニアルプス」が50ちかく存在するという。そこにはどんな愛が待っているのだろうか。

絶景の徳倉山でのんびりと

こりゃあ行かなくっちゃ！

沼津駅の桃中軒で朝そば

ぽかぽか陽気に遠足気分

分岐ごとに手作りの看板が

昔ながらの駅北ベーカリー

冬の花、スイセンが咲く

みかんの木の落とし物

海沿いをプチ縦走！

みかん農家さん手作りの無添加ジャム。無人販売所にて

GUIDE　標高400m未満の低山が連なる沼津アルプスは、アップダウンが激しく登りがいのある連山。駿河湾の奥にそびえる富士山は絶景だ。各峠から海側へ下れるので、体力にあわせてプランを立てよう。コース上にトイレはないので留意を。下山後は沼津港へ。

LEVEL　初級：ロープが設置された急坂もあるタフな山。山慣れてきたら。

ACCESS

〈行き〉
JR品川駅
↓ 東海道新幹線ひかり 40分
JR三島駅
↓ 東海道本線 5分
JR沼津駅
東海バスオレンジシャトル
↓ ・伊豆箱根バス 24分
沼商前バス停

〈帰り〉
多比バス停
東海バスオレンジシャトル
↓ ・伊豆箱根バス 31分
JR沼津駅
↓ 東海道本線 5分
JR三島駅
↓ 東海道新幹線ひかり 40分
JR品川駅

COURSE TIME

TOTAL 3h55min

① 沼商前バス停
↓ 50分
② 徳倉山
↓ 1時間10分
③ 志下峠
↓ 35分
④ 鷲頭山
↓ 1時間20分
⑤ 多比バス停

巨大かき揚げや近海ものの刺身など、沼津グルメに舌鼓。丸天 魚河岸店 ☎ 055-963-0202

NUMAZU ALPS　沼津アルプス ｜ 静岡県

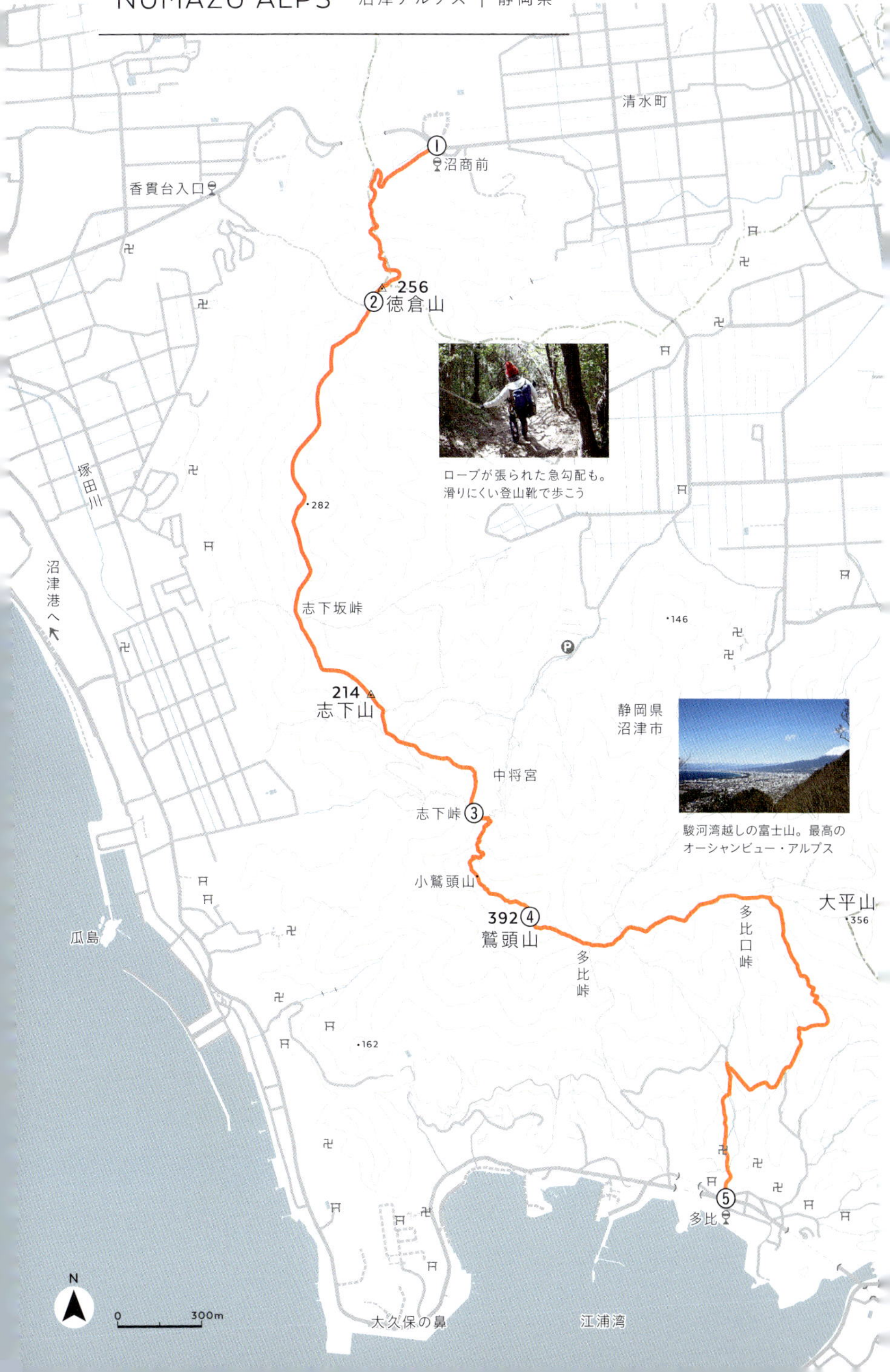

ロープが張られた急勾配も。
滑りにくい登山靴で歩こう

駿河湾越しの富士山。最高の
オーシャンビュー・アルプス

東京に雪が降ったらでかけよう

高水三山 ー 東京都

正直なところ、「自分とは違う世界のもの」と思っていた山登りをするようになったことだって人生最大のビックリなくらいだから、雪山へ行くなんて、生涯縁のないものだと信じていた。だって雪山のイメージといえば、生か死かの世界。アイゼンやピッケルを持って厳しい雪山に行くことは、限られた玄人だけに許されるものだと感じていたから。

ある冬の日、古くからの山仲間がそんな私を山に誘った。

「雪が降ったし、奥多摩の低山にでも行こうよ。夏山用の軽アイゼン、持ってるでしょう?」

御嶽《みたけ》駅から山へと入り、すぐに軽アイゼンをつけた。雪渓以外の場所で使うのは初めて。そもそも冬に使ったことはなかった。雪の積もった坂道を踏みしめた私は、山登りを始めたころのように「自分が立ち入っていい場所なのか」と怯えていたように思う。

そのようすを見かねてだろうか、友人がひらけた雪の上に大の字にダイブする。真似をしてみると、ふかふかの雪が受け止めてくれて、それまでの雪山に対する怖ろしさが消え去り、楽しさが勝った。

奥多摩らしい、規則正しく植林された杉の森。まっすぐな雪の道には、先行者たちがつけた足跡がある。それは私が扉を開こうとする、新しい世界へと導いてくれる道に見えた。

12本爪のアイゼン&ピッケルを使う「雪山登山」という世界の手前に、軽アイゼンとトレッキングポールで歩く「雪山ハイキング」があることを私は知らなかったのだ。

冬のあいだ、完全に〝おやすみ〟していた山歩き。けれど、春夏秋の山にふれ、その先にある冬を見たくなる。……それは「ステップアップ」という表現ではなくて、めぐる季節や紡がれる命を「見届けたくなる」感覚に近かった。その素直な気持ちを叶えるための方法が、いまの私にとっては、夏山装備+αの雪山ハイクだったり、スノーシューだったり、はたまた雪合戦だったりする。

岩茸石《いわたけいし》山で眺望が開けた。見慣れたはずの奥多摩や武蔵の山々がうっすらと雪を纏って、いつもと違う装いをしていた。そう遠くないところに、新宿の高層ビル群も見える。私の住む家もきっとどこかに。これが記念すべき〝雪山デビュー〟の、私の景色。

山と私のあいだに隔たりなんてない。等身大の自分が慎重に踏み出した一歩の先には、いつだって自然が見せてくれる景色があるのだと、改めてまた山が教えてくれた。

想像していた雪山とは違う、私の
"雪山デビュー"の穏やかな景色

夏山装備＋α

まずは3〜4時間で歩ける近場の小さな山へ。夏装備に
軽アイゼンや小物を追加し、防水防寒対策もしっかりと！

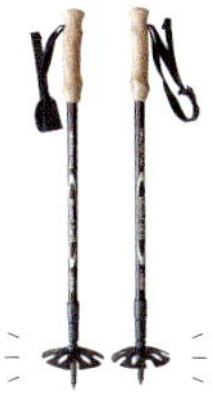

トレッキングポール

ゲイター

ネックゲイター

軽アイゼン

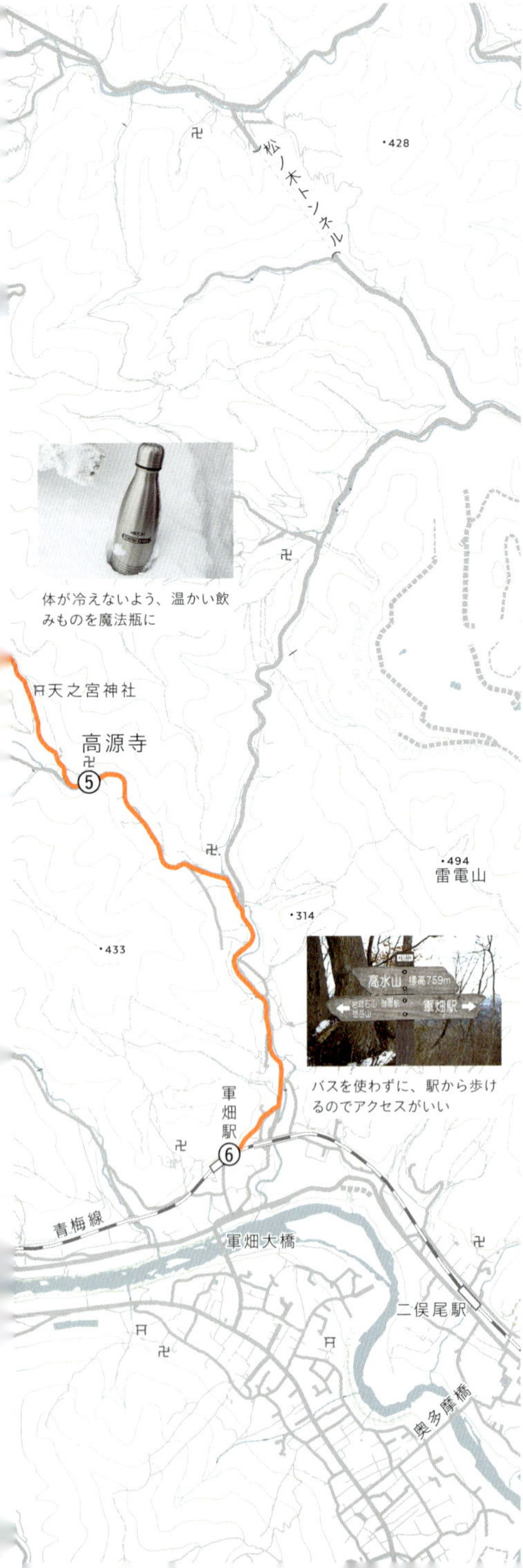

体が冷えないよう、温かい飲みものを魔法瓶に

バスを使わずに、駅から歩けるのでアクセスがいい

GUIDE　高水山、岩茸石山、惣岳《そうがく》山からなる高水三山は、奥多摩の入門コースとして人気の縦走路。樹林帯の尾根歩きや歴史を伝える寺社仏閣など、里山の魅力が凝縮されている。降雪直後の、人が多い週末が狙い目。岩や木の根にアイゼンを引っかけて転ばないよう慎重に。

LEVEL　中級：まずは降雪後、行程3時間前後の人気の低山から歩いてみよう。

ACCESS

〈行き〉
JR新宿駅
↓ 中央・青梅線 1時間15分
JR青梅駅
↓ 青梅線 20分
JR御嶽駅

〈帰り〉
JR軍畑駅
↓ 青梅線 15分
JR青梅駅
↓ 青梅・中央線 1時間15分
JR新宿駅

COURSE TIME

TOTAL 4h35min

① 御嶽駅
↓ 2時間
② 惣岳山
↓ 45分
③ 岩茸石山
↓ 40分
④ 高水山
↓ 45分
⑤ 高源寺
↓ 25分
⑥ 軍畑駅

TAKAMIZUSANZAN 高水三山 | 東京都

3つのピークの最高峰、岩茸石山はランチ休憩に最適

垂れ耳の狛犬が見守る、常福院不動堂の境内を通る

登山者に人気の山を選べば、踏み跡も多く安心

いくつか急な登り下りも。積雪後は最新情報を収集しよう

初詣は山へ

ある年、山のなかの神社へ初詣に訪れたところ、一年を、その山に守られているような気持ちですごせました。日本人にとって山と信仰のつながりは深く、山の上や麓には神社や寺院が多くあります。自分が住む地域やゆかりのある場所から「初詣のできる山」を探してみるのもおもしろいかも。そのまま〝山始め〟として山を歩いても、歩かずにお参りだけでも、きっとすてきな初詣になるはず。健やかな年の始まりに、自然にふれ、山で待つ神様のもとに足を運んでみませんか？

高尾山の初詣にてお神酒をいただいた。裏に干支の焼き印が押された枡は、持ち帰ることができます

2
月

FEBRUARY

宝登山－埼玉県

冬が旬のかき氷

本格的な寒さに、冬ごもりしたくなる2月。えいっと埼玉の山へと繰り出すことにした。

秩父鉄道に揺られ、野上駅のレトロな木造駅舎に降り立つ。「長瀞《ながとろ》アルプス」の標識に従って宝登《ほど》山を目指した。雑木林のおだやかな尾根道から、ときおり民家が見えたり、電車の音が聞こえたり。里山の風景に心和んだ。

長い階段の下まで漂う香りが、山頂に近づいたきざしだった。山頂を越え、その香りのもとへ。すると、ロウバイの花が幾重にも重なり、淡い黄色に霞んでいる。宝登山がふんわり、甘い幸せに包まれていた。寒さの厳しい冬、百花に先駆け、蕾をほころばせるロウバイ。可憐さのなかに気迫をあわせもつ姿を、たまらなく好きになる。

鼻をくんくんさせて懸命に吸い込んだ春の香りを逃すまいと、吹きつける冬の風に身を縮め、山を下りた。小さな春は、家でじっと待つより、ちょっとそこまで迎えに行くほうが、ずっと楽しい。

帰りに隣駅まで歩いて立ち寄ったのは、長瀞で創業130年の歴史をもつ「阿左美《あさみ》冷蔵」本店。天然氷の蔵元であり、夏には大行列となる、かき氷の名店だ。

かき氷をすくって口に運ぶと、おいしさに思わず唸ってしまった。氷は粉雪のようにふわふわで、冷たさがやさしい。和三盆シロップの「秘伝みつ」も、上品な甘さだ。

感動にひたりながら食べていると、厨房から顔をだしたご主人が、山の格好をした私たちに声をかけた。

「〝旬〟の時季に食べにきたね」

えっ？……旬？それは私にとって思いもよらない言葉だった。

「氷は、冬ができたてホヤホヤだよ。宝登山に〝氷池〟ってあったろ？冬のあいだにそこで作って、切り出すんだよ」

そういえば！地図や標識に記された氷池の文字を思い出し、今日という日の山歩きが、一気に、かき氷のなかで結びついてゆく。

豊かな腐葉土をくぐって湧きでた宝登山の恵みの水は、山中の池に流れ込む。そして冬の力で、ゆっくりと氷に育っていく。野天で作られた、この天然氷のかき氷には、「長瀞の自然」「日本の冬」そのものが封じ込められていた。

観光者として味わっても絶品に違いないけれど、冬の冷気に頬を赤らめ、山を歩いてきたハイカーだからこそ堪能できる、特別な旬の味。自然が紡ぐ〝物語の味〟だった。

香りが告げる季節の移ろい。宝登
山山頂の冬空を春色に染めあげる

1. 長瀞アルプスの気持ちのいい尾根道　2. 宝登山神社奥宮にある茶屋で焼きみかんを発見　3. 甘い香りがあたりを包む　4. 冬という季節を味わう一品。野天製法で切り出す天然氷の蔵元は全国で6軒のみ。旬素材の自家製シロップもおいしい

阿左美冷蔵金崎本店。宝登山山麓駅近くにも支店がある。阿左美冷蔵 金崎本店 ☎ 0494-62-1119

GUIDE　長瀞渓谷近くの宝登山は、頂上近くに広がるロウバイ園と眺望を同時に楽しめるのが魅力。秩父を代表する武甲山《ぶこう》や両神山《りょうかみ》を眺めながら、春を告げる花の香りを堪能できる。山麓の荒川には天然記念物の岩畳が広がっているので、帰りに寄り道してみよう。

LEVEL　初級：標識やロープウェイもあり歩きやすい。冬は凍結に注意。

ACCESS

〈行き〉

JR新宿駅

↓ 湘南新宿ライン 1時間8分

JR熊谷駅

↓ 秩父鉄道 49分

秩父鉄道野上駅

〈帰り〉

秩父鉄道長瀞駅

↓ 秩父鉄道 52分

JR熊谷駅

↓ 湘南新宿ライン 1時間8分

JR新宿駅

＊ほかにも池袋駅から東武東上線に乗り、寄居駅で秩父鉄道に乗り換える方法がある。また、御花畑駅から西武秩父駅に乗り換えも可能。

COURSE TIME

TOTAL 3h40min

① 野上駅

↓ 55分

② 天狗山分岐

↓ 30分

③ 野上峠

↓ 1時間

④ 宝登山

↓ 1時間

⑤ 宝登山神社

↓ 15分

⑥ 長瀞駅

下山後には秩父鉄道御花畑駅の「ホルモン高砂」もおすすめ。ホルモン高砂 ☎ 0494-23-5858

HODOSAN　宝登山 | 埼玉県

道標も点在し安心。ロープウェイを使って逆コースでも

山頂直下の長い長い階段。ここがいちばん苦しい！

宝登山頂から両神山や破風山、武甲山などが望める

入笠山－長野県

ゲレンデ行きスキーバスでスノーシュー

スキーバスで行く山

－関東編－

車山高原スキー場＝霧ヶ峰

湯の丸スキー場＝池ノ平湿原、湯ノ丸山、烏帽子岳

アサマ2000パークスキー場＝高峯山、篭ノ登山

ノルン水上スキー場＝吾妻耶山

丸沼高原スキー場＝日光白根山（七色平）

新宿のバス出発所には、スノーボードを抱えた学生たちが集まっていた。……わ、若い。服装もテンションも異なる若者のなかでアウェー感に包まれること3時間弱。バスは長野にあるスキー場「富士見パノラマリゾート」に到着した。ここは入笠山《にゅうかさ》のことなのだ。

スノーシューで雪遊びしたいけれど、雪道の運転は不安だったり、冬は登山バスがなかったりと、アクセスに困っていたとき、この「ゲレンデ直通スキーバス」の広告を見つけた。しかもリフト券つきで、なかなかお手頃。行き先のスキー場リストと山を照合し、眺望のある山を選んだ。現地滞在は6時間半、夕方に再集合だ。私たちはスノーシューをレンタルし、ゲレンデから離れて入笠山登山口へ。

小さな風に入笠湿原の雪原がきらめく。スズランの咲く初夏に来たことがある入笠山は、白色に塗り替えられていた。埼玉育ちの私には、雪は特別な存在。雪だるまを作りたいと思う「子どもスイッチ」が勝手にオンになる。雪をひと口食べ、山を体に取り込んだ。

スノーシューが雪面に浮いて、歩く動作が純粋に楽しくてしょうがない。特別な技術がなくっても、履いた瞬間から冬と戯れることができ、魔法の足を手に入れた気分だ。足跡も巨人サイズでちょっと誇らしい。

森に入ると、いつも手の届かない枝でひらひらしているサルオガセが目の前に。霞を食べる仙人のような彼らが、白い衣を身にまとい現れた。雪のおかげで、高い位置を歩けているんだ！「きゅっきゅっ」と衣擦れの音に似た雪の声に耳を澄ましながら進んだ。

山頂には、八ヶ岳《やつがたけ》、南・中央・北アルプスの山々が勢揃いだった。私にとって、冬にお目にかかるのは夢のような白銀の絶景。

高い山は雪景色、里の山には春の足音が。劇的に変化する冬と春、2つの季節を「どこに行くか」で選べる2月が、こんなにも贅沢な月なのだと少しずつわかってきたところだ。日々、慌ただしく働いていると、季節が自分の上をかすめていくときがある。けれど私は山を歩くことで、自分のなかにしっかりと四季の自然が宿っている実感をもって生きられるようになった。

「季節に寄り添う」という言葉にはとても優雅な響きがあるけれど、刻々とめぐりゆくから、実はけっこう忙しい。それでも、季節を先取りしたり追いかけたり、ときに振り回されたりできるのは、山を好きになった者の特権だと思うのだ。

凛とした、白×青の世界。少しずつ、
山の冬の表情を知ってゆく

スノーシューの楽しみ

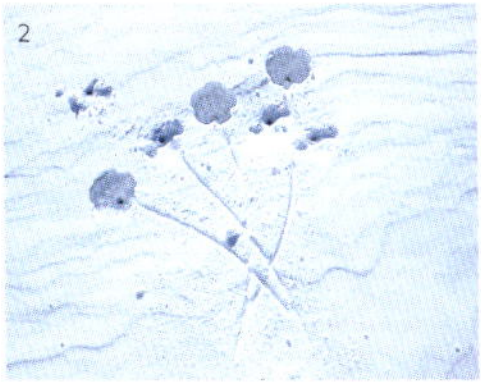

1. 足跡の主を想像してみよう　2. 白いキャンバスに絵を描いたり、足跡をつけたり　3. 雪を食べてみたい！という子どものような夢も叶え放題。転んでも痛くないので、思う存分、雪遊び　4. 視点が高くなり、いつもと違う景色にも気づける

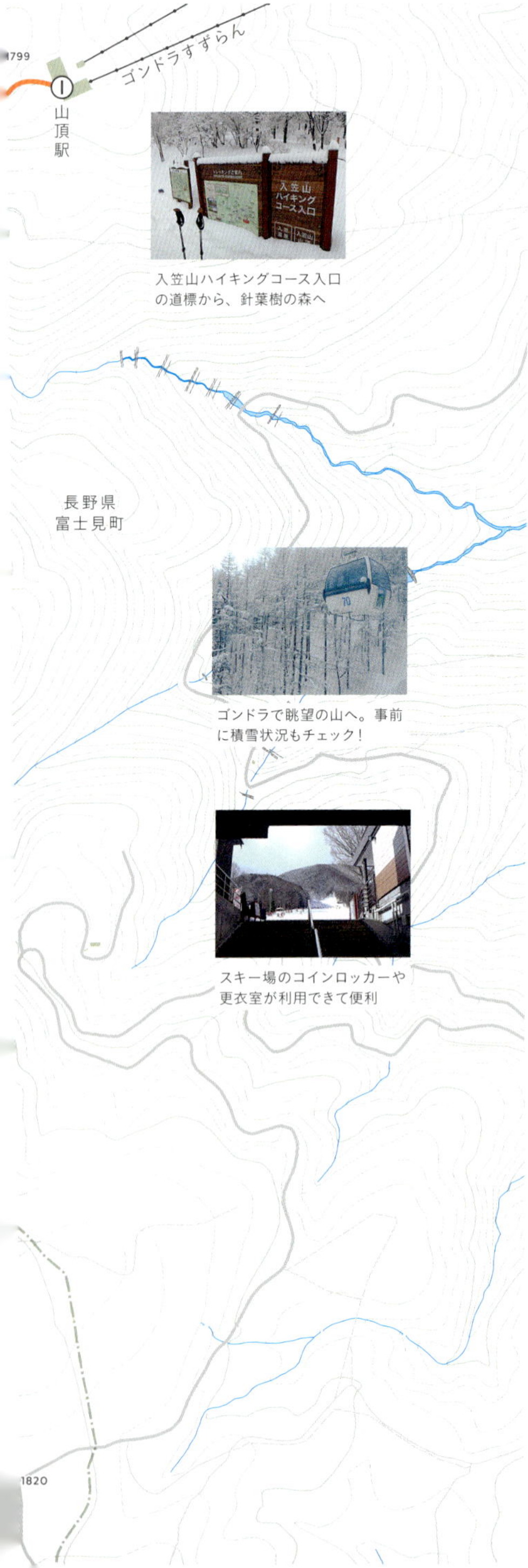

入笠山ハイキングコース入口の道標から、針葉樹の森へ

ゴンドラで眺望の山へ。事前に積雪状況もチェック！

スキー場のコインロッカーや更衣室が利用できて便利

GUIDE　南アルプス北端に位置する入笠山は、山頂近くまでゴンドラが整備されているため、6月のスズランや7月のアヤメなど、花を目当てに初心者のハイカーにも人気。時間に余裕があれば大阿原湿原まで足を延ばしてみよう。マナスル山荘のビーフシチューは絶品なので、ぜひ！

LEVEL　中級：スノーシューデビューに最適。積雪状況や天気も考慮しよう。

ACCESS

〈往復〉

新宿

↕ スキーバス 2時間40分

富士見パノラマリゾート山麓駅

↕ ゴンドラすずらん10分

山頂駅

COURSE TIME

TOTAL 2h20min

① 山頂駅
↓ 20分
② 山彦荘
↓ 15分
③ 御所平峠
↓ 40分
④ 入笠山
↓ 30分
③ 御所平峠
↓ 15分
② 山彦荘
↓ 20分
① 山頂駅

今回はトレッキングポールを持参し、スノーシューのみレンタル。モンベルストアなどでもレンタルがあるので、購入前に試用もできる

NYUKASAYAMA　入笠山 ｜ 長野県

夏は野草の宝庫となる入笠湿原に、白の魔法がかかる

晴れた！　広々とした入笠山の山頂で「入」のポーズ！

雪遊びをするとつい時間を忘れるので、余裕をもった行程に。今回は大阿原湿原までの予定を入笠山山頂往復に変更

11

お気に入りの山の装い

山の装いのなかで、白い山シャツが醸し出す、正装のような雰囲気がお気に入り。素材は乾きやすい化繊で、パリッとしたものから〝ちりめん〟のような風合いのものなど、数着を愛用しています。胸元に山バッジをあしらったりすることも。シンプルなので普段着にもなります。山登りでは体温調節をスムーズにする快適さや便利さが大切だけれど、ボタンを留めるという小さなひと手間が、気持ちが整っていくようで好きなのかもしれません。

オーダーメイドの登山靴。山の時間をともに刻み、歳を重ねて、だんだんといい表情に

3月

MARCH

歩くこと つながること

みちのく潮風トレイル（大船渡市ルート）｜岩手県

「みちのく潮風トレイル」は、東日本大震災後に環境省が設定を始めた、青森県、岩手県、宮城県、福島県の海岸線をつなぐ長い道だ。全長900㎞超の自然歩道に未開通の区間はまだ多いものの、少しずつ、私はこのトレイルを歩き進めている。

リアス海岸の景観と、海を育む豊かな里山。その風土に培われた伝統や食文化。そこに暮らす人々。それぞれの土地ならではの特徴があり、さまざまなふれあいをとおして東北の魅力を知っていく。そんな旅の要素もつまった、日本的な情緒ある歩き方ができる道だ。また、「東北の今」を感じることも、ここを歩く意味のひとつである。

岩手県大船渡《おおふなと》市、碁石《ごいし》海岸のトレイルでは、忘れられない出会いがあった。

東京から移動し、気仙沼駅でＢＲＴ（バス高速輸送システム）に乗り換えた。陸前高田ではバスから見た光景に、こんな内陸まで津波にさらされたのかと息を呑んだ。今回は、ＢＲＴ碁石海岸口駅から出発し、末崎半島をぐるりと回って穴通磯《あなとおしいそ》まで、４時間ほど歩くつもりだった。

三面椿を通ったあと、鮮魚店に立ち寄り、そこで働くご夫婦とお話をした。

「ひとりで、どこまで行くの？」「穴通磯まで行きます」。そんなやりとりをしていたら、「遠いから車で連れて行ってあげようか？」とおっしゃる。せっかくのご好意だけれど、私は歩きたかったのでお断りして、「また必ず遊びにおいでね」とくださった刻み昆布をザックにしまい、碁石浜へと歩を進めた。

しばらくすると私の横に車が停まり、運転していた見知らぬ男性が窓をあけた。「あの夫婦と同級生なんだ。さっき立ち寄ったら、やっぱり車で乗せていってあげたほうがいいねって、３人で話したんだよ。穴通磯を、見せてあげたくってね」。私が立ち去ったあとも３人で心配してくれたことがありがたくって、お言葉に甘え、車に乗せていただくことにした。「震災のあと、東京の若い人がたくさん手伝いに来てくれて、お世話になったから」と男性は言い、穴通磯を案内してくれた。ふるさとへの想いや、あたたかさに胸がいっぱいになる。

その後、いったん碁石岬のほうまで戻り、昼食で立ち寄った食堂では「どうせ帰りも通るんだし、荷物を置いてってたらラクだよ」と言ってもらった。女将さんは、津波が店に押し寄せ、体を流されたことも話してくれた。

碁石岬の展望台から、一幅の日本画のように見事な海岸線の造形美を眺めながら、黄昏時まで歩いた。深く澄み渡る、紺碧の海。これから、私にとっての「海の色」は、この大船渡の海の色になるだろうと思った。

帰りぎわ、食堂へ挨拶に顔をだすと、ご主人が駅まで送ってくれるという。

復旧工事中の道路や、そびえ立つ防潮堤、鉄筋だけが残った建物、仮設住宅。行きに1時間かけて歩いた道のりを車は10分で通り過ぎていく。BRTの駅でご主人に手を振り、ひとり、ぐっと涙をこらえた。

……だから結果、私は碁石海岸エリアをほとんど歩いていない。けれど、やさしさが、森の命の循環のようにめぐっていたこの一日は、とても大切なものとなった。

みちのく潮風トレイルを歩いていると、思わず「きれい」と言葉にした瞬間や、「楽しいな」と感じた瞬間、それがそぐわない気がして口をつぐむことが何度かあった。三陸特有の松林と海が織りなす美しい海岸線がある一方で、震災の爪痕が色濃く残る光景に胸が重くなることもある。心がぐらぐらと揺さぶられて、どう処理をしていいのかわからない。でも、その振り子のように揺れる感情も含めて自問自答し、自分の足と目で、知ることができたことに意味があるんだ。ここで心に焼きつけた現実や、山と海の美しさに受けた感動。苦しそうな顔、前を向いた笑顔。両方を大事に受け止めたいと思った。自然をただ怖れるのではなく、畏れ敬い生きてゆこう、と。

震災当時、私は海外に住んでいたこともあって、報道を見たり、募金をしたりすることしかできずにすごしていた。でも今は、みちのく潮風トレイルで接点を見つけることができた。私は歩くのが大好きだから、それをとおして東北と関わり、心を寄せていくのが、いちばん〝自然なこと〟なのではないかと感じている。

トレイルに足あとを残すことは、訪れた地に自分の魂のかけらを置いてくることと同じ。ルートが開通することも、踏破することも、きっとゴールじゃない。歩いて、つないで、想いを紡いで、みちのく潮風トレイルはほんとうの道になる。だから一度歩いて終わりじゃなくて、何度も、永く、通う道にしようと胸に誓った。

3月11日が近づくと思い出す。それは漠然とした「被災地」や「誰か」ではなく、「あの海」「あの景色」、そして「あのひとたち」の顔だ。

忘れられない海の色。千代島はウ
ミネコの繁殖地にもなっている

1. お土産を買ったり地のものを食べたり。それも東北とつながる方法　2. 椿の名所も多い大船渡　3. 波に磨かれた碁石浜の黒い玉石　4. 復興工事中の道（2016 年２月）。迂回路など最新情報はホームページで確認しよう http://tohoku.env.go.jp/mct/
5. 食事処で海鮮丼をいただく　6. 自然の造形美。３つの洞門をもつ穴通磯　7. 海岸線の松林　8. 碁石岬展望台

GUIDE　青森県八戸市から福島県相馬市までの約900kmをつなぐ予定のロングトレイル。古道や自然探勝路、舗装路など、区間ごとに道の種類や状況もさまざま。商店がないエリアもあるので事前にコースマップを入手して計画しよう。碁石海岸エリアでは美しい海岸を歩ける。

LEVEL　初級：碁石海岸～穴通磯は海岸線のハイキングコース。

ACCESS

〈往復〉

JR上野駅

↕ 東北・北海道新幹線 2時間5分

JR一ノ関駅

↕ 大船渡線 1時間25分

JR気仙沼駅

↕ 大船渡線BRT（バス）50分

BRT碁石海岸口駅

COURSE TIME

TOTAL 3h40min

① BRT碁石海岸口駅

↓ 1時間30分

② 碁石海岸キャンプ場

↓ 1時間20分

③ 穴通磯

↓ 50分

① BRT碁石海岸口駅

地図の入手方法はホームページで確認し、必ず地図を持って出かけよう

MICHINOKU COASTAL TRAIL　みちのく潮風トレイル（大船渡市ルート）｜岩手県

碁石海岸キャンプ場は7月～10月オープン。併設のインフォメーションセンターは通年開館（年末年始除く）

焼森山―栃木県

器の山
土と私が
出逢う場所

わが家にある、益子焼の器。これを手に取るたびに、ふわりと蘇る景色がある。

きっかけは、益子焼で有名な陶芸の里にある古道具屋さんへ買い物に来たとき。小さな山と田んぼに囲まれた、のどかな山里の風景を眺め、「そういえば、陶器って土から作られているんだよな」と、ふと思った。その途端、〝器の里の山〟に強く惹きつけられたのだ。

そこでまずは春に、ミツマタの群生が花開く、隣町の焼森山《やけもり》へ足を運んだ。つぎは冬、益子の〝遠足の山〟的存在、雨巻山《あままき》へ。そして山のあとには、町でも時間をすごした。

とあるカフェで珈琲が注がれてきたのは、すてきな益子焼のカップだった。益子で採れた原土を使い、伝統的な登り窯で焼く陶芸家さんの作品なのだそうだ。益子焼の皿にのったケーキには地元の果物が使われていて、「このあたりの土から生まれたもの」の贅沢な組み合わせ。さらに、カップを手に取り口にすると、モダンな外見からは想像できない、ざらっとした土の粒のぬくもりが。それは私にとって思わぬ大きな感動で、手のひらと唇で、再び、土に出会えた気持ちになった。

「登り窯」は、焚きだした炎の熱が立ち上るよう、山の斜面にしつらえてあった。益子は、薪に適したアカマツにも恵まれていたと教えてもらう。陶芸体験をしてみると、水を加え、土を捏ね、成形する作業は、益子の大地に手をうずめているようだった。

山があって、土があって、樹があって、人の手が添えられて、土が器に変わる。この山里の風土でこそ、生まれ得た益子焼。「器の里の山を歩いてみたい」と思ったときの、どこか直感のような衝動が、確信に変わる旅。パズルのピースがつながってゆく。

「手はかかるけれど、登り窯の生きた炎のなかで生まれる風合いを大切にしたい」。陶芸家さんの言葉を思い出しつつ、それぞれにかけがえのない表情をした益子焼のなかから、心惹かれた器をひとつ、買って帰った。

GUIDE　焼森山のミツマタ群生地は3月下旬から4月にかけて大勢の人でにぎわう。群生地散策は一周30分ほど。そこから鶏足山までのコースは急坂やこだま岩などの奇石が点在し、益子のシンボル芳賀富士や富士山を望む休憩スポットもある。益子町最高峰の雨巻山もおすすめ。

LEVEL　初級：焼森山〜鶏足山は地元ハイカーにも人気。

ACCESS

〈往復〉

JR秋葉原駅

↕ 高速バス（関東やきものライナー）2時間15分

茂木さかがわ館前バス停

↕ タクシー 10分

駐車場

＊開花期間中の週末、茂木さかがわ館から駐車場までシャトルバスの運行あり。

COURSE TIME

TOTAL 3h10min

① 駐車場
↓ 30分
② ミツマタ群生地（一周30分）
↓ 30分
③ 焼森山
↓ 30分
④ 鶏足山
↓ 1時間10分
① 駐車場

古いものと新しいものの風が混ざり合う益子の町。カフェやパン屋さんなど、個性的なお店も多い（写真下は仁平古家具店益子店☎0285-70-6007）。散策は車かレンタサイクルが便利

YAKEMORIYAMA　焼森山 | 栃木県

黄色いボンボンが浮かぶような幻想的な花のアーチの中へ

戦時中、紙の原料にするために植えられたミツマタの群生

茅ヶ岳－山梨県

深田久弥の終焉の地でアンパンを

友人たちと、『日本百名山』を著した深田久弥の命日である3月21日に、久弥が最期を迎えた山である茅《かや》ヶ岳に登ろう、ということになった。休みの都合で山行は命日の前日となったが、春彼岸に、久弥が胸に焼きつけたであろう景色と同じ山の空気を感じに行く。

深田記念公園の駐車場から山道へと進むと、まだ森には下草も新葉も芽生えていない。けれど、土のにおいが鼻をくすぐる。うららかな陽が大地を暖め、静かな山のなかは、蠢《うごめ》き出そうとしている存在の「気」に満ちていた。街で感じていた春の始まりの予感が、山で確信に変わっていく。

冬の間に体がなまり、急登に少しバテてしまったが、お天道さまに元気をもらいながら登った。陽だまりで干したお布団みたいに、体のなかにもお陽さまのいい匂いが膨らんで、春を迎える支度が整っていくようだ。

稜線へと出ると、久弥が亡くなったという場所から、奥秩父の金峰《きんぷ》山の五丈岩《ごじょういわ》がしっかりと見えた。救護隊を待つ間、仲間が「このあたりはイワカガミが咲いて、きれいです」と声をかけると、彼はうれしそうに頷いたという。きっとそのイワカガミも、この土のなかで芽吹きの支度をしているだろう。

山頂で、久弥の好物だったというアンパンをザックから取り出すと、友人もアンパンを取り出し、お互いにっこり。甲斐駒《かいこま》ヶ岳や八ヶ岳《やつがたけ》、富士山、全方向から山に見守られながら頬張った。

『百の頂に百の喜びあり』。深田久弥自筆の句が刻まれた公園の石碑は、ちょうど茅ヶ岳が映り込む位置に置かれていた。

この句の「百」の意味は、千でもあり万でもある。山で感じる喜びや楽しみ方はきっと無限。高い山でなくとも、有名な山でなくとも、ささやかな風景のなかにも発見や感動を見いだし、「数を刻む」のではなく、「こころに刻む山歩き」をしてきた深田久弥の最期にふさわしい、しみじみとしたいい山。それを印象づける、やわらかな季節だった。

GUIDE　山梨県北部に位置する茅ヶ岳は、山容が八ヶ岳に似ているので「ニセ八ツ」とも呼ばれる。深田久弥が急逝したことで有名になり、地元では山麓に深田記念公園を造った。そこには「百の頂に百の喜びあり」と刻んだ文学碑が立ち、毎年4月に「深田祭」が開催される。

LEVEL　中級：高低差があるので体力に自信がついてきたら。

ACCESS

〈往復〉
JR新宿駅
↕ 特急あずさ等 1時間45分
JR韮崎駅
↕ 山梨峡北交通バス 20分
深田記念公園バス停

＊バスは1日1往復、季節運行なので、タクシー利用が便利（約3000円）。

COURSE TIME

TOTAL 4h20min

① 深田記念公園バス停
↓ 30分
② 分岐
↓ 50分
③ 女岩
↓ 45分
④ 女岩のコル
↓ 25分
⑤ 茅ヶ岳
↓ 5分
⑥ 千本桜分岐
↓ 1時間20分
② 分岐
↓ 25分
① 深田記念公園バス停

KAYAGATAKE　茅ヶ岳 ｜ 山梨県

韮崎駅からの茅ヶ岳。たしかに、八ヶ岳にそっくりな山容

やせた尾根の金峰山を望む場所に、終焉の地の石碑が佇む

深田記念公園の石碑。御影石には茅ヶ岳が映り込む

新緑や紅葉も美しいだろうと想像させる枝ぶりと落葉の道

Welcome!!

アメリカはエビフライもビッグサイズ！

影がつくった、ひとときの看板

アスファルトへ押し花

秋の装い

お――ば――け

どんぐりのベレー帽

漢字の「山」そのもの！

前を歩くハイカーからの贈りもの

にこ

目が！

思い出を影で持ち帰る

森で見つけたすてきなもの

DROP IN ON THE WAY

4月

APRIL

京都一周トレイル—京都府

そうだ 京都、行こう。（登山靴で）

「標高と感動は比例しない」。そう教えてくれた大切な山が、京都にある。

京都の東山《ひがしやま》、比叡山《ひえいざん》、鞍馬《くらま》、嵐山《あらしやま》を結ぶ全長83㎞の「京都一周トレイル」へ足しげく通い、はや十数年。完歩のためでなく、好きな区間を何度も歩いたり、寺社やコース外の山にも道草したり。気ままに歩いている。

京都一周トレイルは、スタート地点から印象的だ。伏見稲荷神社の千本鳥居をくぐり、まるでタイムスリップしたかのような幕開け。いにしえの人たちが歩いた道に歩を重ねるようで、感慨深い。いっぽう、町もコースの一部で、地図を片手に住宅街で遭難しかけたりもする。山中だけでなく、町角や鎮守の杜でも、この先にはなにが待っているのかとドキドキワクワク。その感情はまぎれもない冒険で、山と町をボーダレスに歩き、〝登山〟の概念が覆されていく衝撃を覚えた。

お気に入りは、蹴上のインクラインから大文字山へと向かうコース。山頂の先には、夏の風物詩「五山送り火」の〝大〟の字にあたる火床がある。散歩姿の地元の人も多く、神聖な山との距離感が近しい。

標高３３０ｍの火床から見えたのは、荘厳な山々でも雲海でもなかった。そこには、人の温もりあふれる町並み、愛しい景色があった。平安神宮や下鴨神社、町を流れる鴨川。火床に佇むと、古都が山に守られているのがよくわかる。そして日々の暮らしの延長線上に山の存在があることも。

そんな美しい光景を前に、それまで心のどこかで、低山歩きの多い自分を卑下していた気持ちを恥じた。標高は、高低差で優劣をつけるための基準ではなく、「背が高い、小さい」という、それぞれの個性や魅力なのだと、この景色に気づかせてもらえたから。

山の感動は、山の高さにも、歩いた距離や日数にも、必ずしも比例しない。きれいで、楽しくて、うれしくって。心が叫ぶ、その声の大きさで決まるのだと思えた。

山を下りても京都には、信仰、歴史、伝統、そこかしこに自然との密接なつながりを感じられる。寺社の庭園では、四季折々の自然を慈しむ心にふれられ、歩いてきた山々の姿が借景に。また、季節を楽しむ心は、着物の装いや京菓子にも宿っている。千年の時を超え、受け継がれてきた日本人の「自然とともに生きる感性」にいつも刺激をもらう。

だから私は、京の山へ町へ。「そうだ、京都、行こう」と登山靴を履きたくなるのだ。

桜舞う蹴上インクライン

稲荷山の巡拝・お山めぐり

東山ルートは誘惑だらけ

夕暮れの古都の町並み

ハイカラな女の子の山看板

新緑の東山ルート

庭園の茶席でお抹茶を

夜間拝観で下山後も満喫

東山を借景とした高台寺

GUIDE　京都一周トレイルは、市街を取り囲む山々と寺社をめぐる約83kmのコースと、豊かな森林や清流を歩く京北エリアに約49kmのコースがある。ともに京都の自然と文化のいいとこ取りを楽しめる。京都駅の観光案内所や市内書店等で専用ガイドマップも販売中。

LEVEL　初級：親しみやすい山。さまざまなコースを選べるのも魅力。

ACCESS

〈行き〉
JR品川駅
↓ 東海道新幹線 2時間10分
JR京都駅
↓ 地下鉄烏丸線 5分
烏丸御池駅
↓ 地下鉄東西線 8分
蹴上駅

〈帰り〉
銀閣寺前バス停
↓ 京都市バス 40分
JR京都駅
↓ 東海道新幹線 2時間10分
JR品川駅

COURSE TIME

TOTAL 3h15min

① 蹴上駅
↓ 45分
② 七福思案処
↓ 45分
③ 若王子分岐
↓ 45分
④ 大文字山
↓ 20分
⑤ 火床
↓ 40分
⑥ 銀閣寺前バス停

山頂よりも火床のほうが眺望が開ける。急な下りアリ

平安神宮の鳥居を見下ろす、観光とはまた違った景色

全体的に歩きやすいが、木の根など滑りやすいところも

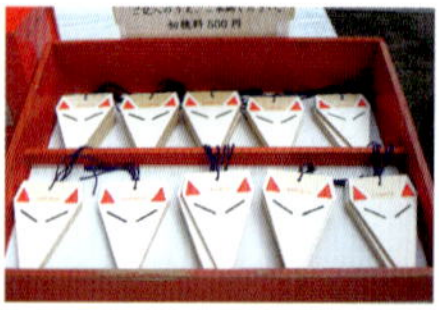

観光や拝観などを自由に組み合わせるのが京都一周トレイルの楽しみ

KYOTO ROUND TRAIL　京都一周トレイル ｜ 京都府

下山後に哲学の道、法然院、永観堂などの名所めぐりも

ねじりまんぽのトンネルから、ハイキングスタート！

トレイルの看板とガイドマップを照らしあわせて歩こう

NIGHT HIKE

- ナイトハイク6箇条 -

1. ヘッドランプは予備電池も忘れずに
2. 昼間に何度か歩いたことがある、慣れたコースにしよう
3. 誰かといっしょに歩こう
4. 寒さ対策はしっかりと
5. 月の暦をみよう（満月の日などを選び、月の明るさを感じよう！ 新月はまっくらです）
6. 暗いなか歩くのは1〜2時間程度に（今回は城山山頂で日暮れを待ち、暗闇を歩いたのは1時間ちょっと）

高尾山・城山－東京都

寝坊した日のナイトハイク

山へ行こう、としていた日。なんということか！　まさかの寝坊をした。でも、せっかくのお休みなので、昼過ぎから歩ける場所をとっさに考えたとき、一番に思い浮かんだのはわれらが高尾《たかお》山。こんなときに心強い、東京都民のご近所山だ。いまからならナイトハイクだな。しめしめ、とヘッドランプを確認して家を出た。たしか今日は満月なのだ。

14時半過ぎに高尾山口駅に着き、まずはお蕎麦屋さんで遅い昼ごはん（朝ごはんともいう）。15時半にケーブルカーに乗って、1号路から高尾山頂へ。街で2週間も前に見納めした桜が、高尾山山頂では満開だった。街と山に流れる別の時間軸を旅しているようで、得をした気持ちになる。桜前線とともに北上してもいいけれど、桜を追いかけて標高を上げていくのも、山歩きの楽しみ方のひとつ。

高尾山頂から10分ほど奥のモミジ台まで来ると、ぐんと人が減って静かになった。城山山頂に着くころには、空も桜色の夕暮れに。夕桜のお花見をしながら、満月を待った。

水平線から大きな月が昇りだす。すると満月のはずなのに、月の上部が欠けている。月の色は、びっくりするほどに真っ赤で、山頂に置かれた木彫りの大きな天狗がいまにも動き出しそうな、なんともいえない雰囲気になった。山の上から見ると、夜景の東京が、赤い月に支配されているようだ。異次元への扉を開き、月の別の顔をのぞいてしまったような時間だった。

月明かりを頼りにしばらく歩いてから、ヘッドランプを灯した。夜の山は原生の様相を取り戻し、神秘的だ。

車道へでると月は、黄色い、いつものまん丸なやさしい眼差しの顔に戻っていた。電車でスマートフォンをひらくと、今夜は皆既月食、しかも「ブラッドムーン」と呼ばれる特別な日なのだというニュースが目に入る。いつもの山の、違う表情を見られるナイトハイク。今日は〝寝坊は三文の徳〟の日だった。

GUIDE　高尾山山頂から歩いて約1時間の城山。ナイトハイクの場合は下山口の最終バスの時刻をチェックしておこう。高尾ビアマウント営業期間中はケーブルカーが21時15分まで運行する。来た道を戻るか逆ルートで歩くかすればケーブルカーで下山できるので安心。

LEVEL　中級：夜道はいつも以上に慎重に。分岐の見落としにも注意。

ACCESS

〈行き〉

京王線新宿駅

↓ 京王線特急 50分

京王線高尾山口駅

↓ 高尾山ケーブルカー 5分

高尾山駅

＊帰りはP.009参照。

＊新宿から中央線で高尾駅経由で高尾山口駅というルートもあり。

COURSE TIME

TOTAL 3h05min

① 高尾山駅

↓ 50分

② 高尾山

↓ 1時間

③ 城山

↓ 20分

④ 小仏峠

↓ 55分

⑤ 小仏バス停

町と山でお花見を楽しもう。昼間なら奥高尾から陣馬山まで茶屋めぐりも

TAKAOSAN・SHIROYAMA　高尾山・城山 | 東京都

城山茶屋の営業は16時ころまで。冬場は週末のみ。☎ 042-665-4933

満月に動き出しそうな、城山山頂に置かれた木彫りの天狗

ヤマザクラとミツバツツジのお花見ハイクができる、城山への縦走路

本部富士－沖縄県

沖縄で山

　ゴールデンウィークをフライングし、1泊2日で、初めて沖縄旅行を計画した。いつも山にばかり心が向かってしまうから、あえて〝違う選択〟をしてみたのだ。でも悲しいかな（うれしいかな？）、山がやっぱり気になってしまう性分。水着とハイキング、ぬかりなく両方の用意をした。

　滞在2日目。やんばるエリアの森にも惹かれたけれど、山から海を眺めることに。選んだのは、沖縄美ら海水族館の近くにある往復1時間半ほどの山、本部富士だ。

　登山口を入ってすぐに目を奪われたのは、ハイビスカスやクチナシの花の色。巨大なシダや常緑の木々が生い茂り、本州とはまったく違う亜熱帯のむせかえるような熱気を帯びた森を抜け、尖った石灰岩を登っていく。白い岩が、軍手がないとつかめないほど鋭い。ここは約2億年前に海底のサンゴ礁が隆起し、その後、雨などの浸食によって形成された円錐カルストの独特の山で、日本でもこの本部町のあたりにしかない。泳ぐでも潜るでもなく、山を歩いて太古の海の底にさわれるなんて、不思議な気持ちになる。

　山頂に立つと、白い砂浜、蒼い空と海、濃密な緑がいっぺんに目に飛び込んでくる。標高240mとは思えない高度感で、山から眺める海はひときわ鮮やかだった。

　私は〝山旅〟も大好きだけれど、こうやって〝旅先の山〟を歩くのも好きだ。山を歩けば、訪れた土地と、ぐっと親しくなれる。行程2〜3時間の山を選べば、ほかの場所にもちゃんと行けるし、旅の一部として楽しめる。なにより、旅先ではごはんやおやつを一食でも多く食べたいから、山を歩いて体を動かすと、小腹も減ってちょうどいいんだよね……なんて妙に納得しながら、山を下り、沖縄ぜんざいを食べに向かった。甘く煮た金時豆にかき氷がのっている沖縄の定番スイーツだ。

　旅先のご当地グルメを味わうように、ご当地山を楽しめたらと思っている。

GUIDE　沖縄県北部の本部町にある標高240mの山。標高は低いが、石灰岩が浸食された円錐カルスト（日本では沖縄県にのみ存在）が美しい。山頂からの眺めは抜群で、眼下に本部湾が一望できる。登山前後には県内初の「そばの町宣言」を行った本部町の沖縄そばを！

LEVEL　初級：ソールがしっかりした靴と軍手で！ 転倒に注意。

ACCESS

〈往復〉

那覇空港

↕ 高速バス 1時間40分

名護バスターミナル

↕ タクシー 40分

登山口付近の駐車場

＊那覇空港からレンタカーを利用すると便利。

COURSE TIME

TOTAL 1h15min

① 登山口

↓ 40分

② 本部富士

↓ 35分

① 登山口

鋭く尖った岩のため軍手必須。ヒカゲヘゴやイタジイが茂る亜熱帯の森

MOTOBUFUJI　本部富士 | 沖縄県

沖縄の亜熱帯特有の植生を味わおう。ハブに要注意

本部町古島区にある、そば屋「夢の舎」の先に登山口が

登山前に「きしもと食堂」の沖縄そばを。旅も山も楽しむ
☎ 0980-47-6608

IV

お干菓子＆懐紙

京都の山歩きで出会ったお干菓子の落雁や和三盆糖は、お気に入りの山おやつのひとつ。自然の風景や草花などの形が愛らしく、目でも味わえるんです。季節の移ろいに合わせて色形が変わるのも、日本の伝統菓子ならでは。和三盆糖のやさしい甘さとキメの細かい口どけ感は、疲れた体にもすっと広がり、すぐにエネルギーになってくれます。また、お茶席で和菓子に敷く懐紙は軽くてお皿代わりになるので、山道具にもぴったり。無地から柄物まで、心ときめいたものを集めています。季節を演出する、ちょっと特別なおやつ時間になりますよ。

行き先や季節に合わせた懐紙を選ぶたのしさも。
懐紙は一筆箋や包み紙などとしても重宝します

5
月

MAY

岩殿山｜山梨県

夏山のための アスレチック トレーニング

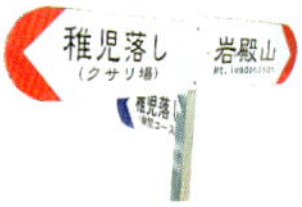

中央本線大月駅を起点に歩ける駅チカの山、岩殿山《いわどの》。高所恐怖症&運動音痴の私には少々おっかないが、夏山登山にむけてのトレーニングにはもってこいの山だ。しかもコースタイムは3時間半くらい。

駅から1時間ほどで、岩殿城跡の山頂に到着した。「秀麗富嶽《しゅうれいふがく》十二景」に選ばれた富士山の眺めが美しい。さてしかし、ここからが本番。兜岩《かぶと》、そして稚児《ちご》落しまで連続する鎖場やハシゴを越えて歩く。垂直に感じる絶壁におののきながらも、覚悟を決め、手足を使ってえっちらおっちらと登る。今日はアスレチックに来たと思おう。いざとなったら、林間コースの迂回路で巻けばいい。

そして、いよいよ兜岩。左側が切れ落ちたトラバースの細い道に、手には冷や汗が滲み、足がすくんだ。自慢じゃないが、小学生のころから平均台を渡りきれないほどの高所恐怖症なのだ。高所がずっと続くわけじゃないからと心をなだめ、おそるおそる進んだ。

稚児落しはハラハラのハイライトだった。何度も登場する道標に書かれた名前の響きからしてコワイ。ここは武田氏の家臣、小山田信茂が岩殿城落城で追われるさなか、敵に居所を知られないよう、泣き出した子を落としたと伝えられる悲しい由来のある崖だ。ちょっとのぞきこむのが精一杯。

恐さの嵐が過ぎ去ったころ、一喜一憂していた自分になんだか笑えてきた。情けなさや厄介な状況を、笑いに変える心の余裕をどこかに持てたらいいんだろうな。恐怖心とも仲よくならなくては。きっと山だって、いやいや歩かれてもいい気分はしないだろう。

駅前の「吉田屋」のうどんが売り切れていたので、もうひとつの名物、信玄餅ソフトクリームで心を癒やしていたら、シャツに茶色いシミがついているのに気づいた。てっきり黒蜜をこぼしたかなと思ったが、それは私の血だった。どこで擦ったのだろう。あの絶壁と伝説を思い出し、胸がざわっとした。

GUIDE　中央本線の車窓からも見える岩殿山。稚児落しルートには数ヵ所の鎖場があるが、難所の区間は短いので岩稜帯歩きのトレーニングに最適。林間コースは、巻き道ながら実はなかなか手強い。

LEVEL　中級：岩や鎖をひとつひとつ落ち着いて通過してゆこう。

ACCESS

〈往復〉

JR新宿駅

↕ 特急あずさ・かいじ 1時間

JR大月駅

＊普通列車利用の場合は、所要1時間30分。

COURSE TIME

TOTAL 3h25min

① 大月駅
↓ 50分
② 岩殿山
↓ 1時間
③ 天神山
↓ 20分
④ 稚児落し
↓ 50分
⑤ 浅利公民館前バス停
↓ 25分
① 大月駅

稚児落しをちらりとのぞきこむ。岩殿山のツツジの見頃は5月上旬〜下旬

IWADONOSAN　岩殿山 | 山梨県

兜岩のトラバースはスリル満点！　一歩一歩、落ち着いて

紅葉の名所は新緑の名所

天城山－静岡県

伊豆半島にある天城《あまぎ》山とは、秋に出逢った。独特の情緒があり、醸し出される森の雰囲気に魅せられてしまった山だ。そこで私は「あるもの」を見つけた。

小舟形の葉が散る森の、露出した木の根の隙間やあたり一面に、「あるもの」はたくさん落ちている。ひとつをそっと拾い上げてみると、私にはその小さな物体が、宇宙船から地球へ戻るときの帰還カプセルに見えた。宇宙から持ち帰る〝希望〟や〝神秘〟が入っているようなイメージを抱き、写真に収めた。

それが「殻斗《かくと》」という、ブナの種を運ぶ入れ物と知ったのは、後日のことだ。

半年後の初夏、私は再び同じ山へ行くことにした。殻斗の森がどうなったのか、確かめてみたかったのだ。

5月の天城山は、森全体が萌える緑にわきたっていた。ヒメシャラの出迎えをうけ、万緑の万二郎《ばんじろう》岳を抜けると、アセビのトンネルが。ミツバツツジやアマギシャクナゲの花も加わり、森が華やぐ。万三郎《ばんざぶろう》岳のほうへと向かうと、殻斗を見つけた場所はすぐに思い出せた。地衣類が模様をあしらった樹皮と佇まいがとても印象的な目印になった。

そこは天城山のブナの原生林だった。見上げると、あの落とし物の主たちは、梢にたくさんの若葉をたずさえ、うれしそう。思わずブナを抱きしめると、私のほうが抱きしめられているような気持ちになる。

やわらかな葉を通りぬけて注がれる光が気持ちよく、新緑から放たれるパワーが伝染してくる。ここには生まれたての命がいっぱいで、新生児室にいる気分だ。自然は声をださないけれど、「ものすごいこと」が起こる、尊くて希望に満ちた緑の空間だった。

ブナの実が豊作になるのは、5〜7年に一度。そして、殻斗から大地に飛び散った種子が、いくつもの幸運を経て、芽吹き、大木に育つ確率も、きっと奇跡と呼んでいい。

秋に色づく落葉広葉樹は、春に新葉が芽吹く。だから紅葉の名所は、新緑の名所でもある。新緑の山を求めるなら、紅葉特集のガイドブックを開けば、答えはそこに。……だけどそんなテクニックなんて必要がなくなったのは、山歩きを始めて何巡目かの季節を迎えたころ、植生や山そのものの味わいを感じながら、「秋に春を」「春に秋を」想像して歩く楽しみに気づけるようになれたから。

春夏秋冬、めぐる季節をゆらゆらと泳ぐように歩けたらと思うのだ。

新緑の季節には緑が弾け、深呼吸するだけで気持ちいい。秋にはブナの森が黄色く染まる。天城山は「森を味わう」ための山

1. 薄桃色のアマギシャクナゲが靄に浮かび上がり、あでやか。見頃は5月中旬から6月上旬　2. 馬酔木（アセビ）のトンネル。馬が食べると毒にあたり酔ったような足どりになることがその名の由来だそう　3. 万二郎岳を越えると、東伊豆の海岸線や富士山の姿が

GUIDE　川端康成の小説『伊豆の踊子』や石川さゆりの『天城越え』などで知られる天城山。実は、天城山という名前の山はなく、万二郎岳と万三郎岳を総称していう。春のアセビやシャクナゲ、秋のブナやカエデの紅葉時期は、多くの登山者でにぎわう。

LEVEL　中級：涸れ沢の岩が滑りやすい。時間配分にも注意。

ACCESS

〈往復〉

JR品川駅

↕ 東海道新幹線 40分

JR熱海駅

↕ 伊東線 25分

JR伊東駅

↕ 天城東急リゾートシャトルバス 55分

天城縦走登山口バス停

COURSE TIME

TOTAL 4h35min

① 天城縦走登山口バス停
↓ 20分
② 四辻（万二郎岳登山口）
↓ 55分
③ 万二郎岳
↓ 40分
④ 石楠立
↓ 35分
⑤ 万三郎岳
↓ 45分
⑥ 涸沢分岐点
↓ 1時間
② 四辻（万二郎岳登山口）
↓ 20分
① 天城縦走登山口バス停

伊豆半島最高峰の万三郎岳。八丁池への縦走路もある(7時間30分)

AMAGISAN 天城山 | 静岡県

海からの湿った風が山にぶつかり、霧がかかることも多い

水色と黄色の組み合わせがウクライナ国旗のような標識

白いアセビの小さな花が鈴なりになった姿がかわいらしい

万三郎岳一帯には、立派なブナの大木が並ぶ

島の船旅

八丈富士－東京都

金曜日の22時半。慌ただしく仕事を終わらせて駆け込んだ船は、煌々と輝く東京湾の夜景をすりぬけてゆく。船という移動手段は、乗船の瞬間から豊かな〝旅の時間〟を紡ぎ始める。船旅という響きに妙に胸がときめいた。

海のベッドに揺られること11時間。たどり着いたのは、はるか３００㎞離れた東京都、八丈島だ。ただ、東京都とはいっても、この島は海底火山の噴火で生まれ、本州とは一度もつながったことがないという。船が島へ近づくと、トビウオの群れが歓迎してくれた。

潮の粒子と森の吐く息が混ざりあう島の風が、心地よく体にまとわりつく。到着後、さっそく八丈島の特産品を食した。明日葉、島寿司、島醤油。地のものを食べると、体が島に馴染んでゆく。土地とつながるには、まず食べる。そして、歩く。これが一番だ。

……やっぱり島に来てよかった。5月になって山気分が高まっているのに、本州の高山は雪に覆われ、営業小屋も少ない。私が泊まれる山はまだ限られているから、この季節にはいつも島旅が候補にあがるのだ。

今日の寝床は、底土《そこど》キャンプ場。どこにテントを張るか吟味する。海が一望できるところ？　八丈富士が見えるところ？　こうやって場所を変え、景色を変え、間取りを変えて、いくつの「家」を建ててきただろう。耳に入る海の音とともに、大地に体をくっつけて眠った。船の揺れがほのかに体に残っている。

登山口から長い階段を登ること1時間ほどで、八丈富士の外輪へ到着。すごい！　最後の噴火後、約３００年の眠りについたという火口のなかに、もうひとつの森が生まれていた。こんなに深い緑をたたえた火口は見たことがなかった。命の瑞々しさが漂い、底から鳥の鳴き声が湧きあがってくる。黒潮に囲まれ、海にぽつりと浮かぶ島全体で、この森を守っているような神秘。尾根に茂る草をかきわけるように進み、右には聖なる森、左には海を感じながら、絶壁の外輪を一周した。山肌を覆う森が、海までつながっている。山と森と海をひと続きに感じられるのは、島の山だからこそ。

甲板に寝転んですごす帰路。空と海、私を挟むふたつの〝青〟はどこまでも続いていて、「世界は広い」という事実を自分の尺度で知っていく。それは、インターネットが発達し、数秒で世界中のあらゆる情報を手に入れられる時代にあって、自分の地図を描く大切な作業のように思えた。

海を渡って、はるか遠い東京の島旅
へ。向こうに見えるのは八丈小島

1. 鬱蒼としたジャングルのような森を歩く　2. 緑が生い茂る神秘的な火口には浅間神社がある　3. 江戸時代、島流しになった人が海から丸石を運んで積み上げたという大里地区の玉石垣　4. 八丈島の緑にハイビスカスが映える

島の郷土観光や釣り、温泉の満喫にはレンタカーが便利

八丈島の島寿司は、醤油に漬けたネタと洋からしが特徴。あそこ寿司 ☎ 04996-2-0172

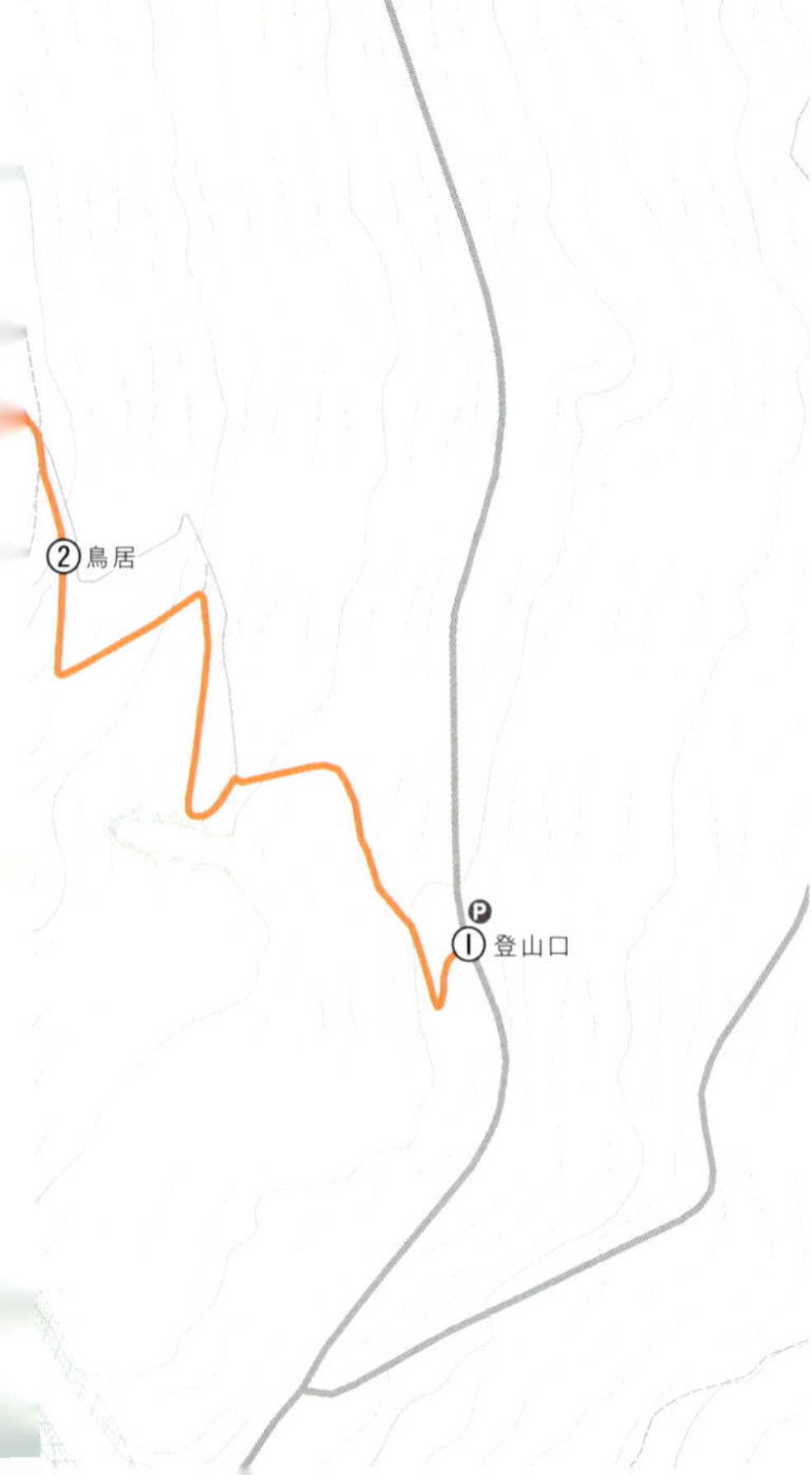

GUIDE　標高854mの西山（別名：八丈富士）は、伊豆七島の最高峰。七合目の登山口まで車道がきているので、約1時間で山頂に登ることができる。火口内の浅間神社へは往復約30分。登山後は島内に数ヵ所ある温泉を満喫。名産の島寿司も食べたい。

LEVEL　初級：強風時のお鉢めぐりは危険なのでやめよう！

ACCESS

〈往復〉

竹芝客船ターミナル

↕ 東海汽船「橘丸」10時間20分

底土港または、八重根港

↕ タクシー 20分

登山口

＊東海汽船「橘丸」は1日1往復。ほかにANAの定期便が1日3往復している。

COURSE TIME

TOTAL 2h40min

① 登山口
↓ 30分
② 鳥居
↓ 30分
③ 分岐点
↓ 20分（時計回りにお鉢めぐり）
④ 西山（八丈富士）
↓ 40分
③ 分岐点
↓ 40分
① 登山口

リニューアルされた橘丸で快適な船旅が楽しめる。帰路は飛行機のほうが時間を有効に使えるが、欠航率の高い時期には要注意

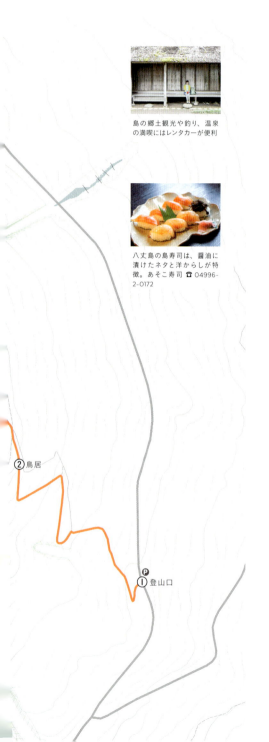

HACHIJOFUJI　八丈富士 | 東京都

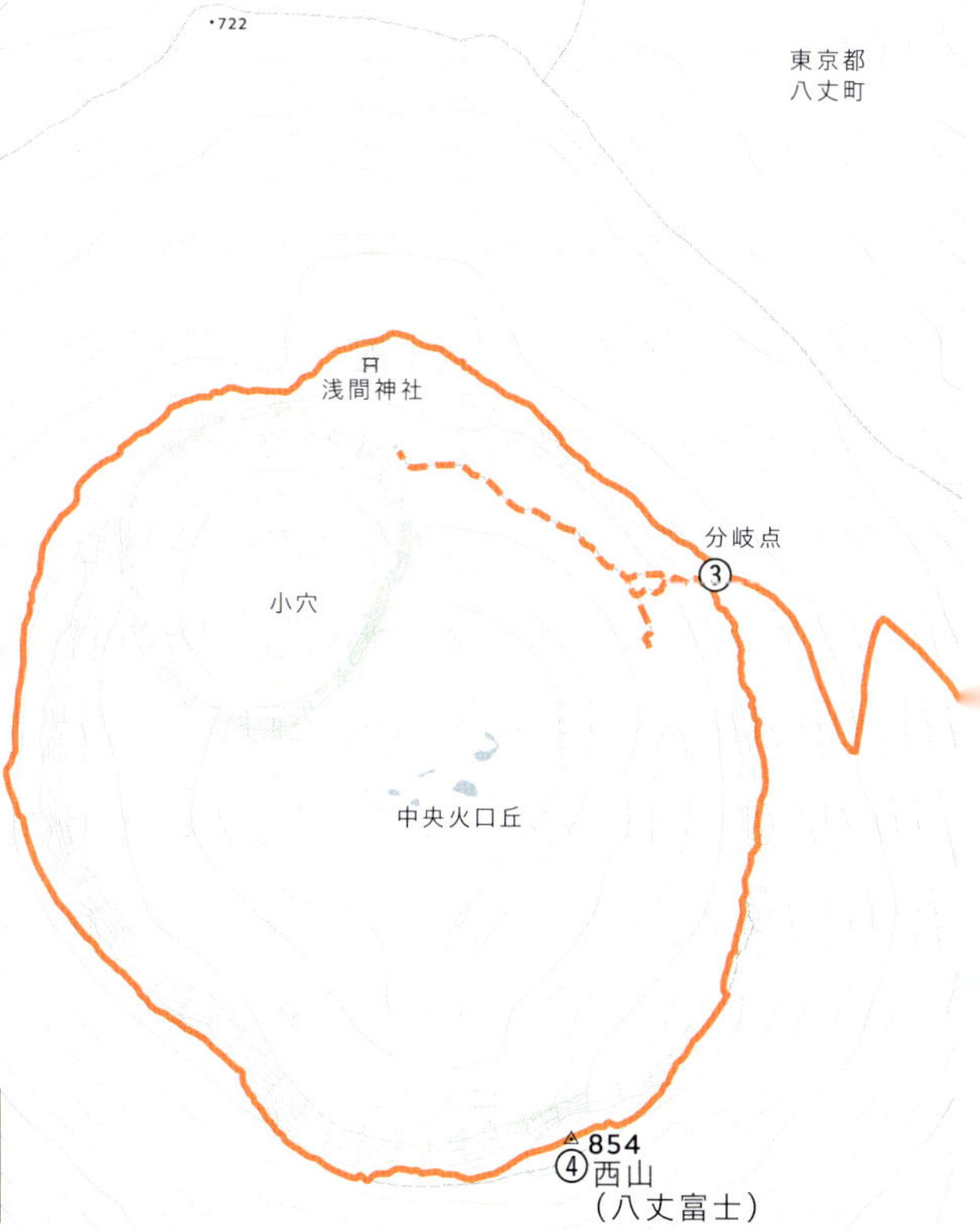

蒼い海と緑豊かなカルデラの眺めは圧巻！　一周約1時間

足元の悪い箇所もあるので、お鉢めぐりは登山靴で

底土キャンプ場には炊事場やかまどなどもあって便利。しかも無料！！　底土キャンプ場 ☎ 04996-2-1377（八丈島観光協会）

1泊2日、ツェルト泊の装備：総重量5.5kg（水を除く）

軽量化

体力がない私にとって、背負う荷物を軽くすることは、美しい景色を見るための近道でした。ウェアやギアの重量を意識して選んでみると、体の〝しんどさ〟が減るだけでなく、いままでよりも歩く距離を延ばせたり、しゃがんで野花を観察できたり。自然を楽しむ〝心の余裕〟が生まれるようになったんです。とはいえ、一歩一歩を支えてくれる、相棒の重たい登山靴を履くときもあるし、おやつをたんまり持っていくことも。心と体の両方を軽くするために試行錯誤を重ねて、自分にとっての「ちょうどいい」を見つけることが大事なのだと思っています。

左．地図や行動食などを携帯するのに便利な「サコッシュ」（42g）も体への負担が少ない軽量なものを　中．重量だけでなく体積もミニマムに。三つ折り式カードサイズの「山財布」（12g）
右．山での寝間着や下山後の着替えになる化繊素材の「もんぺ」（98g）はポケッタブル

6月

JUNE

弥山ー広島県

月と呼応する御神体の山

　搭乗したフェリーは、古代から島全体が「神の島」として崇められてきた宮島（厳島《いつくしま》）へと近づいた。海に鎮座する朱塗りの大鳥居。山の緑、海の青、そして厳島神社の朱。雅な社殿は、山と海の境界に建てられた人工物なのに、自然と調和して完璧な美しさを放っている。

　宮島に着くと、厳島神社の使いのような鹿が砂浜を先導してくれた。大鳥居をよく見ると、鳥居の下を歩く大勢の人。……そうか、ちょうど干潮の時間なのか。

　鳥居のたもとまで歩み寄ると、主柱はどっしりと太く、柱自体が御神木のよう。大鳥居の土台は地中に埋められておらず、自重だけで、文字どおり大地に「立って」いた。根元にはフジツボがびっしり。潮が満ちれば、ここは海になるのだ。

　かつて平清盛の時代には、海上から参拝したという。私も一礼をし、その神聖な場所への入り口である鳥居を海側からくぐり、神様の領域にお邪魔させていただく。

　厳島神社の御神体として背後にそびえる弥山《みせん》。古くは１２００年も前から空海（弘法大師）によって信仰の対象とされ、登山道には、ゆかりの霊火堂なども。神域として守られてきた原始林や、天然の鳥居となっているくぐり岩を通ると、大きな岩が重なり合う山頂にたどり着いた。

　展望台から望む瀬戸内海の絶景。３６０度に広がる海に島々がのどかに浮かんでいる。海と島が織りなす風光明媚な多島美と、頬をなでるやさしい風に心和ませながら、島に渡る前に買った名物、あなごめし弁当に舌鼓をうった。

　厳島神社へ戻ると、ちょうど潮が満ちはじめている！　もう鳥居には近づけず、徐々に、鳥居が海に浮かんでいくような錯覚を覚える。一日の潮の満ち干はだいたい6時間刻み。山を歩いていた時間があったからこそ、干満両方の海の神秘を見られたことに、ただただ感謝の気持ちがあふれた。

　頭では月の引力による現象だとわかっていても、人類が月を歩けるようになった時代でも、この自然の神秘に、目に見えない神々が宿っていると思わずにはいられなかった。

　訪れただれもの心に崇敬の念を抱かせてくれる、日本が誇る景観美。世界中を旅したわけではないけれど、「こんな体験ができるのは、ここだけだ」と思える、宇宙と呼応する山歩きだった。

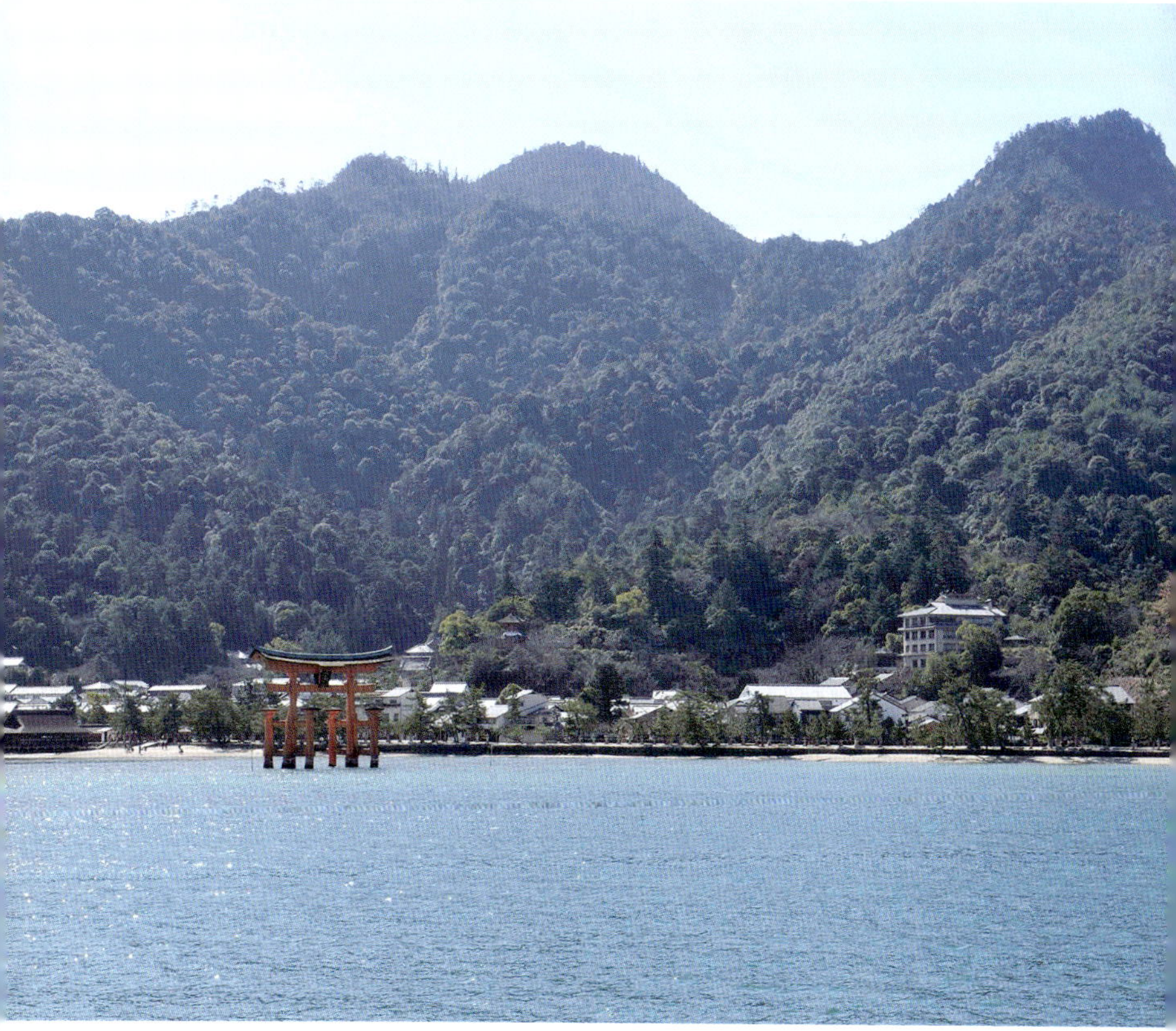

世界遺産、厳島神社の背後にそび
える弥山。右の尖った峰は駒ヶ林

1. フェリーに乗る前に宮島口の「うえの」であなごめし弁当を調達。予約も可能。うえの ☎ 0829-56-0006　2. 瀬戸内特有の照葉樹の森と巨岩のトンネルを抜け山頂へ　3. 大鳥居は高さ 16m もあり、クスノキの巨木でつくられている　4. 山岳信仰の礎となっている弥山山頂の巨岩群

時間や体力にあわせてロープウェイをうまく活用しよう

GUIDE　1万年以上前の自然が残る弥山は、日本三景のひとつでもある、安芸の宮島の最高峰。伊藤博文が絶賛したという山頂からの眺めは、まさに絶景。ほかにも天然記念物に指定された弥山原始林や、昔から言い伝えられている「弥山の七不思議」など見どころいっぱい。

LEVEL　初級：ロープウェイを使わず歩いても◎。下山は膝の痛みにご用心。

ACCESS
〈往復〉
JR広島駅
↕ 山陽本線 30分
JR宮島口駅
↕ 徒歩3分
宮島口桟橋
↕ JR宮島フェリー 10分
宮島桟橋

COURSE TIME
TOTAL 2h40min
① 宮島桟橋
↓ 15分
② 厳島神社
↓ 15分
③ 紅葉谷駅
↓ 15分・宮島ロープウエーを利用
④ 獅子岩駅
↓ 30分
⑤ 弥山
↓ 1時間
⑥ 紅葉谷登山口
↓ 10分
② 厳島神社
↓ 15分
① 宮島桟橋

フェリーから眺める海上の厳島神社の姿も素晴らしい。干潮満潮の時刻もチェックしておこう

MISEN　弥山 ｜ 広島県

紅葉谷コースのほかには大聖院コース、大元コースなども

瀬戸内の原風景とも思える美しい展望が 360 度に広がる

梅雨は苔の美術館へ

白駒池・高見石－北八ヶ岳

　天気予報に傘マークが並ぶ梅雨の時期には、〝雨のためのとっておきの山〟をいくつか用意している。たとえばそれは、アジサイやシャクナゲの山。花は雨の日を明るく照らし、雲に遮られた陽の代わりになってくれる。たとえば、ブナの森。枝葉で集めた雨粒を、幹を伝わせて根元まで届ける〝樹幹流〟が見られる。そしてブナの葉が傘代わりとなり、雨に濡れないことに気づけたりもする。

　そんな梅雨のある日。知人と予定を合わせた山行がどんな天候でも楽しめるよう、行き先に北八ヶ岳の白駒池の散策路を選んだ。ここも雨が待ち遠しくなる場所のひとつだ。

　当日は数日ぶりの梅雨晴れ。白駒池入口バス停から数十歩で、視界が緑に染まった。針葉樹の表皮、岩、倒木をびっしりと苔の絨毯が覆っている。雨で潤った苔たちはふっくらと、生き生きしていた。

　ここから先は〝苔の美術館〟だ。神様がデザインしたミクロの芸術。苔は繊細で美しく、不思議な形や幾何学模様をのぞきこむと、小人になって小宇宙に入り込んだ気分。しゃがんだり歩いたり。この季節の長雨は、足止めを食らったように感じたりもするけれど、〝足を止める〟豊かさを教えてくれる。

　そんな苔の森歩きでは、「コースタイムどおり」が野暮に思えるときがある。だってここは美術館。絵画を鑑賞するように、惹かれたら立ち止まり、心のままの速度で進むのがぴったり。閉館時間は決まっていても、所要時間なんて設定されていないのだから。

　苔観賞を堪能したのち、時間に余裕があったので、用意していたオプションプランを追加した。「揚げパンを食べよう」と高見石小屋まで向かう。登山道にはシラビソの香りがむっとたち込め、「あぁ、八ヶ岳の匂いだなぁ」と深く息を吸った。湿度が高いほど、森の香りが強くたつ。雨が残した贈り物を、鼻からもしっかり受け取った。

　高見石からの景色が遠くまで澄んで見える。雨のあとの晴れはとびきりに美しく、雨に洗われた空と空気が、山を輝かせていた。

　もちろんいまも、雨の日に気分が沈んでしまうことはある。けれど森にとって、雨は恵みの存在。雨の山歩きは、そんな植物たちの喜びの表情を受け止められる素敵な機会だ。……だんだんと、そう思えるようになってから、雨が降るのも嵐がくるのも、感情にいろんなお天気があることすらも、「しぜんなこと」だと受け止められるようになった。

苔の絨毯が広がる、コメツガやシ
ラビソの針葉樹の神秘的な森へ

1. 雨の日でも山歩きを楽しめるのが、苔の魅力のひとつ。ふかふかして、うれしそう。苔の観察会などのイベントもある　2. 登山口から 15 分、北八ヶ岳の原生林に佇む白駒池　3. 森を抜け、高見石小屋の裏手にある大岩を登り、白駒池を見下ろす

ボートの貸し出しがあり、湖上で優雅なひとときをすごせる

白駒池一周は約40分。木道でのスリップに注意

GUIDE　標高2100m以上の天然湖としては日本最大の白駒池。池の周辺は日本蘚苔類学会から「日本の貴重なコケの森」に選定されており、485種の苔が生息している。白駒池散策だけなら高低差もなく、山ビギナーでも楽しめる。雨の日はのんびりが吉。

LEVEL　初級：行程は短いが、標高2100mの山中ということを忘れずに。

ACCESS

〈往復〉

JR東京駅

↕ 北陸新幹線 1時間15分

JR佐久平駅

↕ 小海線 35分

JR八千穂駅

↕ 千曲バス 1時間7分

白駒池入口バス停

＊新宿駅から特急を利用して、小淵沢駅で小海線に乗り換え、八千穂駅というルートもある。所要約2時間30分。

＊佐久平駅から白駒池入口までの直通バスもある。

＊7月〜10月は茅野駅からのバスもある。所要1時間12分。

COURSE TIME

TOTAL 2h15min

① 白駒池入口バス停

↓ 15分

② 白駒池

↓ 40分

③ 白駒荘

☎0266-78-2029

↓ 35分

④ 高見石小屋

☎0467-87-0549

↓ 45分

① 白駒池入口バス停

原生林に囲まれ、標高2300mに立つ高見石小屋は、軽食休憩はもとより宿泊も人気。夜には天体望遠鏡で星空観察もできる

SHIRAKOMAIKE・TAKAMIISHI　白駒池・高見石 ｜ 北八ヶ岳

苔一面の世界へ。道は歩きやすく、観光客も多い

登山道は、苔むした石や木の根の坂道になるので慎重に

珍しい山菜の天ぷら蕎麦。白駒池の水で淹れた珈琲も人気

余裕があれば高見石小屋まで歩き、アツアツの揚げパンを！

ペンキの印がつけられた大岩をたどって登っていこう

VI

山の小さな記念品

山バッジやワッペン、キーホルダーなど、国内外の山で買い求めた思い出の品たち。眺めているだけで山での時間が蘇り、自分の歩んできた山々との記録は小さなお守りにもなってくれています。

7月

JULY

八甲田山・奥入瀬渓流 ―
青森県

日帰り×2の青森堪能1泊2日

「青森をどんなふうに歩こう」。地図や時刻表と格闘し、八甲田山《はっこうだ》と奥入瀬《おいらせ》渓流に決めた。日帰りで山を2つ。どっぷり山中泊でないのも気楽だし、なにより旅情をそそられた。

　青森の朝市に立ち寄ってから、八甲田山へ。梅雨曇りの空は、ロープウェイを降りるころには濃霧の雨に変わった。雨具を身につけて出発すると、「ぱちぱち」と焚き火がはぜるみたいに雨粒が音をたてる。しばらく歩くと、よそよそしい緊張感をもった体が、ふっと雨に馴染んだ気がした。雨を受け入れる、とでもいうのだろうか。体の水分が雨と呼応し、山と波長が合い始めたように思えた。隠れてしまった景色に代えて、山に満ちる気配を感じて歩く。耳をすませば「ざーざー」だった山の声が「ぽつぽつ」「しとしと」に。雨降る音に繊細な表現をもつ日本語の情景に浸る。

　赤倉《あかくら》岳あたりから花が次々と現れ、イワブクロの産毛にはきれいな水滴が。雨はガスとなり、山と自分の境界線を曖昧に滲ませた。

　ぶわぁ……。もうすぐ大岳避難小屋というところでガスが抜け、光とともに、八甲田の山並みと空が現れた。ガスや雲は、山の景色をドラマティックにする演出家だ。こんな一瞬が胸に焼きつくから、なにも見えない世界へだって歩き出したくなるんだ。雲の上にはいつだって青空が広がっていることを、忘れずにいられる。そして景色は、次へのお楽しみとしてふたたびガスに包まれた。

　今宵の宿は、八甲田山麓の湯治場、酸ヶ湯《すかゆ》温泉。有名な「ヒバ千人風呂」の強い酸性泉と空間が独特！　通常は混浴（衝立あり）だが、夜と朝の女性専用時間に入浴できた。調理道具を借りて自炊もしたし、温泉宿とも山小屋とも違う、新鮮な一夜をすごした。

　翌日、酸ヶ湯から1時間ほどバスで移動し、奥入瀬渓流へ。苔が育む森にうっとりしたり、水や緑の成分が混じる空気を吸って悠長に歩いていたら、十和田湖までたどり着けず。手前のバス停から青森へ戻った。万事が思いどおりというわけではなかったけれど、心地いい流れを感じる充実の青森旅となった。

　後々、気づいたことがある。2つの観光名所をめぐるこの〝流れ〟は、〝つながり〟でもあったこと。八甲田山噴火でできた溶岩台地が十和田湖の大洪水で削られ、奥入瀬渓流は生まれた。そんな誕生の物語だったのだ。ひとつ悔やんだのは、帰路で八戸行きバスに乗れば、太平洋側の青森南部堪能のテもあったこと。

　旅は奥が深く、だからこそ計画は楽しい。

1. 大岳避難小屋と井戸岳・赤倉岳　2. 青空の下もいいけれど、靄やガスのなかも美しい　3. 雨で見られなかった景色は「また来よう」の理由になる。楽しみをタイムカプセルにつめて、未来にとっておく気分。つぎは紅葉の時期に毛無岱を訪れたい

4. イワブクロの群生　5. 青森の朝市で海鮮丼。行動食の買い出しも　6.7. 広さ 160 畳の「ヒバ千人風呂」で湯治体験。旅館部と湯治部があるのでホームページで確認。酸ヶ湯温泉 ☎ 017-738-6400　8. 奥入瀬渓流の流れをたどるように上流へ。ルーペなどで苔を観察するとより楽しい

奥入瀬渓流

入瀬渓流は遊歩道や車道が
備され、散策気分で歩ける

GUIDE　青森市の南方に広がる複数火山の総称、八甲田山。その魅力は山上に広がる大きな湿原だ。ロープウェイを利用し、夏は色とりどりの高山植物、秋は紅や黄に色づく草紅葉を楽しむことができる。奥入瀬渓流は「日本の貴重なコケの森」に選定された隠花植物の宝庫。

LEVEL　中級：八甲田山ではロープウェイ登山、奥入瀬渓流では散策が楽しめる。

ACCESS

〈1日目　行き〉
JR上野駅
↓ 東北・北海道新幹線 3時間10分
JR新青森駅
↓ JRバス東北 1時間5分
八甲田ロープウェー駅前バス停
↓ 八甲田ロープウェー 10分
山頂公園駅

〈2日目　行き〉
酸ヶ湯温泉バス停
↓ JRバス東北 55分
焼山バス停

〈帰り〉
雲井の滝バス停
↓ JRバス東北 2時間21分
JR新青森駅

＊ほかにも青森まで飛行機、深夜バスを利用する方法がある。
＊JRバス東北は4月～11月の季節運行、事前に時刻表を確認しよう。

COURSE TIME

〈1日目〉
TOTAL 4h40min
① 山頂公園駅
↓ 30分
② 宮様コース分岐
↓ 55分
③ 赤倉岳
↓ 25分
④ 大岳避難小屋
↓ 30分
⑤ 大岳
↓ 20分
④ 大岳避難小屋
↓ 30分
⑥ 上毛無岱
↓ 1時間30分
⑦ 酸ヶ湯温泉バス停

〈2日目〉
TOTAL 2h40min
⑧ 焼山バス停
↓ 30分
⑨ 紫明渓
↓ 50分
⑩ 惣辺
↓ 55分
⑪ 馬門橋
↓ 25分
⑫ 雲井の滝バス停

HAKKODASAN・OIRASEKEIRYU　八甲田山・奥入瀬渓流 ｜ 青森県

八甲田山

八甲田大岳の北側鞍部に位置する大岳避難小屋

毛無岱の湿原は紅葉時期が特に素晴らしく、絶景が広がる

八甲田山最高峰。晴れれば岩木山や陸奥湾などの眺望が

花の一瞬も一生も

尾瀬ヶ原－群馬県

のびやかな湿原と大きな空が広がる、絵葉書のような世界。初めて尾瀬を訪れたとき、年配の女性に「ほら、ここにショウジョウバカマがいるわよ」と教えてもらった。その長い単語がピンク色の花の名前だと理解するのに、数秒かかった。うれしそうに小さな存在を愛でる女性の姿は、「山へ来た」ではなく、「逢いにきた」という感じで、名前をそっと呼びかけるしぐさもすてきだった。

私はいまだ、花との一期一会にただただ感動するばかり。それもまたいいか、とも思うけれど、ひとたび〝だれ〟かと名を覚えた存在は微笑みを返してくれる気がする。

春のミズバショウ、夏のニッコウキスゲ以外にも、尾瀬ではたくさんの植物がかわるがわる湿原を彩り、花々がリレーをするように季節を紡ぐ。秋には葉がリレーをつなぐ。色づいて黄金色の絨毯を織り上げ、葉脈から葉先まで、枯れゆくさまにも美しさが宿っているのだ。四季折々、尾瀬では「いつもなにかが見頃」で、何度訪れても発見や感動をもらえる。

尾瀬の木道に立つと、草花から放たれるエネルギーが足元から流れ込み、春夏秋冬と懸命につながれてきた大切なバトンを自分にも託されたような気持ちになる。木道にあふれる「きれい」「すごい」「かわいい」の歓声。「い」で終わる言葉は、しぜんと笑顔を生む。そんな素晴らしさにもここで気づけた。

尾瀬の魅力のひとつに、日帰りで楽しめる点もあるけれど、自然と溶け合う時間は泊まってこそ。湿原に静けさが訪れ、夕空の色は刻々とグラデーションで変化する。まばたきをしたくない、そう思うひとときがある。

ある夏の朝。朝霧のなか、鳩待峠《はとまち》に戻っていると、単独行の男性が「いやぁ、今年はニッコウキスゲのハズレ年だなぁ」と嘆いた。私は「今朝は、きれいな虹が何度もでてるんですよ」と応えた。虹は、朝日に向かって歩く男性の背中側にでていて、彼には見えていなかったから。尾瀬がいま、見せてくれている美しい瞬間を、教えてあげたかった。

でも、夏がくるたび、その男性の胸を焦がす尾瀬の花は、やっぱり「逢いにきた」相手なんだろうな。そんなふうに想いを寄せる存在があることが、ちょっとうらやましい。

花咲く時期は植物の人生のほんのひとときだから、めぐる季節のなかで草花の「一瞬」の輝きも、「一生」の尊さも、見つめられたらと思う。尾瀬は私の一生のなかでも、何度も通いたい場所のひとつだ。

尾瀬ヶ原の木道は、まっすぐ前へ、
と歩く楽しさを教えてくれる

1. 池塘に浮かぶヒツジグサ　2. 笑顔があふれる尾瀬の木道　3. 山小屋で迎える夕暮れ。尾瀬の小屋は基本的に個室対応なので山小屋泊デビューにもおすすめ　4. 雨上がりの虹。尾瀬では白い虹が見られることも　5. 尾瀬の花図鑑を片手に名前を呼べば、ちょっと親しくなれるはず　6. 草紅葉の黄金色の絨毯　7. 足元にはいつも命たちの輝きが　8. 尾瀬のシンボルのひとつ、燧ヶ岳

もう少し歩きたい人は見晴エリアに泊まる計画にしよう

静寂の夜、満天の星空、幻想的な朝靄を味わえる龍宮小屋

GUIDE　本州最大規模の高層湿原が広がる尾瀬は、ミズバショウやニッコウキスゲなど高山植物の宝庫として有名。湿原内には木道が整備され、貴重な自然を間近に眺めながら散策することができる。尾瀬の山小屋は完全予約制なので事前に連絡が必要。

LEVEL　初級：鳩待峠へ戻る最後の1時間の登りに余力を残しておこう。

ACCESS

〈往復〉

JR東京駅

↕ 上越・北陸新幹線 50分

JR高崎駅

↕ 上越線 50分

JR沼田駅

↕ 関越交通バス 1時間20分

戸倉バス停

↕ 関越交通バス／乗合タクシー 35分

鳩待峠バス停

＊新幹線で上毛高原駅に行きバスを利用する方法もあるが、バスの本数が少ない。
＊新宿から尾瀬戸倉までの直行バス（季節運行）も便利。1日3便、所要時間約4時間15分。

COURSE TIME

〈1日目〉

TOTAL 2h25min

① 鳩待峠バス停
↓ 1時間
② 山ノ鼻
↓ 45分
③ 牛首分岐
↓ 40分
④ 龍宮小屋

〈2日目〉

TOTAL 3h25min

④ 龍宮小屋
↓ 30分
⑤ ヨッピ吊橋
↓ 50分
③ 牛首分岐
↓ 45分
② 山ノ鼻
↓ 1時間20分
① 鳩待峠バス停

OZEGAHARA 尾瀬ヶ原 | 群馬県

6月上旬、ミズバショウの咲く尾瀬ヶ原と至仏山

自然保護のため木道を外れずに。濡れると滑りやすく注意！

福島側の燧ヶ岳、群馬側の至仏山、ふたつの山に挟まれる

本コースは日帰りも可能。どこで引き返すか牛首分岐あたりで時間と相談！

鳩待山荘、至仏山荘で食べられる花豆ジェラートをぜひ！

大雪山―北海道

神々の遊ぶ庭へ「山岳の大きさを語れ」

「神々の遊ぶ庭」といわれる北海道大雪山《たいせつ》は、両親の故郷の山だ。父と母が「たいせつざん」と呼ぶ、その愛おしい響きは記憶に刻まれ、いつしか山への招待状になった。

旭《あさひ》岳、黒岳に続く3度目の大雪山は、赤岳・白雲《はくうん》岳・緑岳への1泊2日。花の宝庫として人気の縦走路だけあって、想像を超えるお花畑の大群落は天国のよう。「ピチッ」と鳴くナキウサギの声にも出会えた。赤岳から眺める表大雪の山並み。大雪山という山域の雄大さと迫力に、自分の〝物差し〟が壊れてゆく。

小泉《こいずみ》岳を過ぎたころ、遠くで雷が鳴り出した。歩きやすい平らな稜線が、さえぎるもののない恐ろしい場所に一転。天を引き裂く衝撃音が近づいてくる。生きた心地がせず、数十分でも時間をまいていればと猛省しながら、白雲岳避難小屋へと駆け込んだ。

早い夕食をとったあと、ふと、窓をのぞき、大きな声を出してしまった。「虹！　虹がでてる!!」……明日、登る予定の緑岳が顔を出し、しかも、ちょうどその山頂から虹が生まれはじめていたのだ。慌てて外に飛び出すと、虹はみるみるうちに大きな架け橋になり、空と大地がふたたび結ばれる。そしてついには二重に。両親の心に宿る故郷の山に想いが通じたようで目が潤む。大自然の圧倒的な力を、数時間のうちに教えてもらった。

夜明け前、白雲岳へ出発。徐々に金色の粒子が舞い始めた。花たちもいっせいに微笑みだし、登山道の両側から大勢の小さな命に声援されている気分。胸をいっぱいにして山頂に向かった。白雲岳で対面できたのは、王冠をかぶり鎮座するトムラウシ山。旭岳の緑と白のゼブラ模様に、大雪山の短い夏と長い冬が交錯している。

なだらかな緑岳の、あの虹が生まれた場所に立ち、幸せを抱きしめた。……雨上がり、空に虹を探す人でいたい。外からは見えるのに、中にいると気づけない、虹のような奇跡や幸せを感じられる人でいたい。

高根ヶ原からトムラウシへと続く、天界の大地。アイヌの人々が神様と敬うヒグマも、どこかにいるだろうか。悠久の大自然に佇むと、夜には東京に戻っているのが非現実に思えてくる。「富士山に登って、山岳の高さを語れ。大雪山に登って、山岳の大きさを語れ」という大町桂月の一文があるけれど、私にはまだまだ大雪山の大きさを語ることなどできなそうだ。でも両親に伝えたい。私にとっても「たいせつな山」となった今回の出来事を。

白雲岳からの雄大な景色。旭岳の
緑と雪渓がゼブラ模様を描く

1. かわいらしい壺形をしたエゾツガザクラ。大雪山には固有種の花も多い　2. 雪渓を何度か横切る。ガスがでると真っ白になるので慎重に。軽アイゼンがあると安心　3. 緑岳の山頂からは壮大なスケール感の溶岩台地、高根ヶ原が見渡せる　4. 幾度となく現れるお花畑。見渡す限り、たくさんの高山植物が咲き乱れる　5. 緑岳山頂から虹がたち、二重になって奇跡のよう

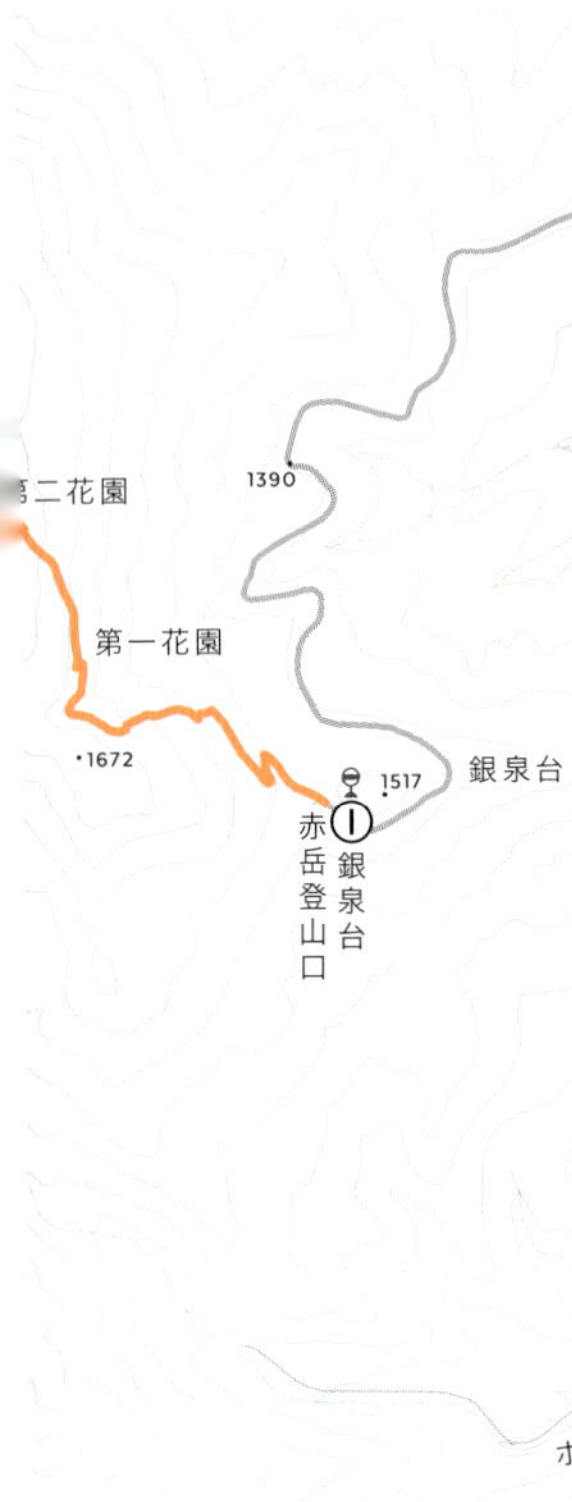

エゾコザクラ。この縦走路は花の宝庫で紅葉も素晴らしい

大雪山は避難小屋までの距離が長く、体力や判断力が必要

白雲岳避難小屋があるものの、テントやツェルトは必携。クマ鈴や携帯トイレも忘れずに

下山後は大雪高原温泉へ。周囲に点在する沼めぐりも人気

GUIDE　大雪山は最高峰の旭岳でも標高2291mだが、緯度の関係で気象条件は本州の3000m級の山に相当する。悪天候時、広い稜線では視界不良となったり避難場所がないので注意。余裕のある行動計画を立て、北海道ならではの雄大な山岳景観とお花畑を満喫しよう。

LEVEL　上級：体力、装備、状況判断など北海道特有の山岳環境に対応する準備を。

ACCESS

〈行き〉
羽田空港
↓ ANA・JAL・ADO 1時間40分
旭川空港
↓ ふらのバス・旭川電気軌道 40分
JR旭川駅
↓ 道北バス 1時間55分
層雲峡バス停
↓ 大雪山赤岳登山バス 1時間
銀泉台バス停

〈帰り〉
大雪高原山荘
↓ タクシー 40分
層雲峡バス停
↓ 道北バス 1時間55分
JR旭川駅
↓ ふらのバス・旭川電気軌道 40分
旭川空港
↓ ANA・JAL・ADO 1時間40分
羽田空港

＊大雪山赤岳登山バスは7月1日～9月30日の季節運行。
＊千歳空港から札幌経由で旭川駅に向かう方法もある。
＊旭川空港から層雲峡はレンタカーなら約1時間30分。

COURSE TIME

〈1日目〉
TOTAL 4h30min
① 銀泉台バス停
↓ 1時間50分
② 駒草平
↓ 1時間20分
③ 赤岳
↓ 1時間20分
④ 白雲岳避難小屋
☎01658-2-4058
（上川町役場）

〈2日目〉
TOTAL 5h10min
④ 白雲岳避難小屋
↓ 1時間10分
⑤ 白雲岳
↓ 50分
④ 白雲岳避難小屋
↓ 1時間
⑥ 緑岳
↓ 2時間10分
⑦ 大雪高原山荘

TAISETSUZAN　大雪山 | 北海道

赤岳からお鉢平方向の眺望。北海岳や北鎮岳などが見える

朝の澄んだ空気のなか、白雲岳へ。稜線から光芒が射す

いったん稜線へ上がれば、アップダウンは少ない

トムラウシ山、十勝岳連峰、旭岳など名峰の大展望が

高根ヶ原、忠別岳へ続く大平原。大雪山の大きさを体感!

VII

山道具収納術

「山に行きたいな」そう思ったときに、さっと気軽に用意できるようにしておくことが、山との距離を近くするコツのひとつ。風通しよく保管したいので、私は市場カゴやリンゴ箱にまとめたり、壁面にかけたりして収納しています。これは、ツーバイフォーという角材と有孔ボードでDIYしたもの。部屋に穴をあけずに作れるから、賃貸でも大丈夫！　道具の定位置を決めておくことで忘れ物も減りました。いつもいっしょに歩いてくれる相棒たちへの愛着も増し、眺めているだけでニヤニヤしてしまいます。

8
月

AUGUST

月山－山形県

夜行バスで0泊3日東北遠征

　夜行バスは、うまく活用すれば東北の山も日帰り圏内になる、ありがたい存在だ。新幹線より安上がりだし、近頃の地方都市行きバスは座席も広くって快適。

　そんな夜行バス山行に目覚めたのは、山形の月山《がっさん》だった。日程は0泊3日（車中泊＋日帰り山歩き＋車中泊）。バスだと縦走ルートもとれるから、月山～姥《うば》ヶ岳～湯殿《ゆどの》山へと下山するプランを練った。早朝着なら行動時間もたっぷり。「完璧な計画」のはずだった。

　鶴岡駅で路線バスに乗り換え、月山八合目で下車すると、そこはもう雲海が広がる森林限界。弥陀《みだ》ヶ原には池塘が散らばり、そよぐ草原のきらめきに目が覚める。形のない風の存在が、湿原で戯れているのがわかった。なだらかに続く道のりも気持ちがいい。

　その一方で、歩き進むにつれ違和感にも気づいていた。眠りが浅かったのか体が重い。佛生池《ぶっしょういけ》小屋で長めの休憩をとっても、なかなか調子が戻らなかった。

　出羽《でわ》三山（羽黒《はぐろ》山、月山、湯殿山）は古来、山岳信仰の修験の場で、白装束姿の方も多い。もうすぐ山頂というとき、前を歩いていた女性が立ち止まり、手を合わせ、ぽろぽろ涙を流し、声を漏らした。……ああ、きっとたくさんのものを山に抱えてこられたのだ。

　山頂に着くと、鳥海《ちょうかい》山の眺めと花々が美しい。本調子でない私は、体の声にあらがわず、ここで来た道を戻ろうと決めた。

「羽黒山は現在、月山は過去、湯殿山は未来を表し、山を回ることで死と蘇りの旅となる」。参拝者を先導する山伏の説明が耳にはいった。今回は、出羽三山の途中までしかめぐれないので、月山神社本宮への参拝はつぎにとっておくことにした。

　下山し、夜行バスの時間まで、浮いたお金で山形のフルーツや岩牡蠣を食べているうちに、みるみる元気になっていくのが自分でも情けない。夜行バスの快眠対策など、もっと旅慣れる工夫をしなくては、と今回の反省をした。いや、つぎは新幹線にするべきだろうか。

GUIDE　湯殿山、羽黒山とともに出羽三山のひとつに数えられ、古くから修験者が登った山岳信仰の山として知られる。豪雪地帯の月山では約1300mが森林限界となり、眺望のよいたおやかな山歩きができる。登山コースは初級から上級まで8コースある。

LEVEL　中級：登山道は整備され起伏も少なく、比較的歩きやすい。

ACCESS

〈往復〉

バスタ新宿

↕ 夜行バス7時間25分

エスモールバスターミナル（鶴岡）

↕ 庄内交通バス 2時間

月山八合目バス停

＊月山八合目へ向かうバスとの乗り継ぎ時間を考慮して、夜行バスを選ぼう

＊新幹線と在来線を乗り継いで東京駅から鶴岡駅へ向かう方法もある。

COURSE TIME

TOTAL 5h40min

① 月山八合目バス停

↓ 1時間40分

② 佛生池小屋

↓ 1時間20分

③ 頂上小屋

↓ 1時間10分

② 佛生池小屋

↓ 1時間30分

① 月山八合目バス停

夜行バス＋路線バスを乗り継げば、そこはもう月山八合目の雲上の世界！

手のひらサイズの大きな岩牡蠣は夏が旬。山形の季節の果物も堪能しよう（写真左はフルーツショップ青森屋☎0235-22-0341）

GASSAN　月山 ｜ 山形県

その名も美しい、信仰の山。山頂には月山神社が鎮座する

豪雪地帯の月山では夏でも万年雪が見られ、高山植物も多い

立山－北アルプス

歩いても
歩かなくても
すべてを包みこむ
立山へ

TATEYAMA
GOOD POINT!

1. **歩くルートが室堂から一望できる！**
2日間で縦走する道がひと目で捉えられ、「あそこからあそこまで歩くんだ！」と期待に胸ふくらむ。別山から歩いて来た道のりを振り返れば感動もひとしお。

「歩かなくっても、幸せ」。室堂《むろどう》ターミナルの外に出ると一気に現れる美しい山岳風景に、実は、毎回そう思う。立山《たてやま》というフィールドは、山を歩く人も歩かない人も分け隔てなく、自然に包まれる喜びを感じられる特別な場所だと思うから。

今日明日と歩く立山の山並みを右から左へと、目でなぞってみた。縦走路をひと目で捉えられるなんてめずらしく、気持ちが高まる。室堂平のにぎわいを抜け、まずは一《いち》ノ越《こし》へ。雪渓を横切って先へ進むと、山に夏を告げる花たちが可憐に道を彩っていた。夏山登山に抱く〝憧れキーワード〟があふれるほどに詰まっている立山。「アルプス」「縦走」「稜線歩き」「高山植物」「山小屋泊」「夕暮れ・朝焼け」をひとつずつ叶えてゆこう。

一の越山荘まで来ると、槍ヶ岳や薬師岳など、名峰が豪華なお出迎え。小さくなった室堂の奥には富山湾も。こんなに海が近かったんだ！　ゴロゴロした大岩が続く雄《お》山への急登は混雑気味で、私は先を譲り、自分のペースを保った。見下ろす一の越山荘の赤茶の屋根に高度感が強まる。出発前に目でなぞった立山の「高さ」を味わいながら空へ向かい、山のいちばん高いところまで歩いた。

2. **公共交通機関で2433mの絶景に到着**
山岳観光地の立山へはアクセスが整い、室堂ターミナルの外には壮大な山岳風景が広がる。宿・飲食・トイレが整備された観光地のメリットを活用しよう。

3. **山小屋が徒歩1時間30分以内にある**
室堂周辺や稜線上にも山小屋が点在するため、トイレ利用や食料補給ができ、悪天候の際にも安心要素に。前泊ができると行動時間にさらに余裕が生まれる。

4. **日数や体力にあわせたルートを選べる**
立山は散策だけでも魅力いっぱい。登山をしたいなら雄山や奥大日岳、健脚なら立山三山（浄土山、雄山、別山）縦走など自分にあった歩き方ができる。

5. **神の山・立山参拝＆剱岳を眺める遥拝登山**
富士山、白山と並び、「日本三霊山」と称えられてきた立山。その所以を実感しながら縦走し、剱岳の雄姿を拝めば、北アルプス登山の醍醐味を味わえる。

鳥居をくぐり、雄山神社のある神聖な領域へ。3003mの山頂に、祝詞《のりと》と太鼓の音が響く。祈禱のあとお神酒もいただき、山の上での儀式に、おごそかな気持ちになった。ここからは、3000mの空の旅だ。

見上げていた別世界に、いま自分がいる。この独特の感覚こそが、北アルプス！ 写真で目にした景色への憧れが、いつしか自分の夢に。夢が目標に。そして目標が、一歩ずつ現実になる瞬間を体感できる場所。それが私にとっての北アルプスだ。

チリン。後ろから登山者が近づくたび、参拝の御札についた鈴の音が耳に届く。振り返り、雄山神社を遠く離れて見るほどに、絶壁のてっぺんに鎮座する社のすごみが迫ってくる。大汝《おおなんじ》山の灰色の岩をつかんで、よじ登った。足裏よりも手でふれるほうが、もっと直接的になる山の感触。山へ来ると、都会ではコンクリートに覆われてしまった生身の地球を感じることができる。きっと森では露わになった素肌に、岩はその下にある骨に、私はふれさせてもらっているんだ。

真砂《まさご》岳と鞍部までのザレた道を慎重に下ると、青い海と白い砂浜のような空と稜線が広がった。……わあ、と喜んだら、あったはず

1. 散策路には夏の花がたくさん　2. 曇りや雨の日はライチョウとの遭遇率が増す　3. 楽しそうな雷鳥沢のテント場　4.5. 雄山神社の御朱印。雄山の岩頭にある社殿でご祈禱をうけた（拝観料 500 円）　6. 苦手な岩稜に気が張ったものの、稜線上に泊まることで時間の余裕が生まれ、落ち着いて進めた　7. 白い真砂岳とは対照的に、岩の城のように黒々とそびえる剱岳

の景色は一瞬でガスの中に。砂浜に描いた絵をさらう波のよう。けれどその分、ガスが走り抜けたあとには、生まれたての景色を味わう感動を与えてくれる。内蔵助《くらのすけ》カールには氷河もあり、真砂岳へと延びる清らかな道は、何往復もしたいほどに美しい。山頂と思しきところには目立った看板もなく石が積んであるだけで、そんなおおらかさもたまらなかった。精悍な雰囲気の立山のなかで気品漂う、ここもまた別天地だ。

14時半、内蔵助山荘到着。このまま明日の出発まで17時間ちかくも稜線上にいられるんだ。小屋の方がライチョウ親子の散歩を知らせてくれたのでそっと外に出た。山小屋は2日以上歩くための拠点でもあると同時に、山での時間と出逢う景色を、ぐっと深いものにしてくれる。

後《うしろ》立山連峰の奥から夜が明けた。新しい一日の始まりを見届け、内蔵助山荘を出発。雄山からまっすぐに進んできた稜線を、左に旋回し別山《べっさん》へ。浄土《じょうど》山から奥大日《おくだいにち》岳までの稜線が、室堂と雷鳥《らいちょう》沢を包容するように弧を描く。そして、火山ガスを噴出し続ける地獄谷までをも、山々が抱き込んでいる。立山の「地獄」と「浄土」は隔たったものではなく、至近距

7

離で共存している。

　ああ、これが神の山なのか。立山に宿る神様が、山の頂点から支配しているのではなく、ここですべてを包み込んでいるように感じたのは、雄山から別山へと縦走することで、立山の「広さ」を知ったからかもしれない。

　別山から眼前の剱岳《つるぎ》を見つめる。まるで意志をもち、地球の底から自らせり上がってきたかのような気迫に満ちた姿。ここまで来た者だけが、威厳に満ちた剱岳と目を合わせることを許されたようで、背筋がしゃんとする。まっすぐな山の眼差しに、向き合える自分でありたい。昔の人々は、別山や剱御前《ごぜん》を遥拝《ようはい》所とし、神聖な剱岳を遠くから拝んだという。今回はそれにならい、私も遥拝登山とした。たとえ剱岳にふれることはできなくても、その姿を眺めることで実る想いもある。それが山の素晴らしさだ。

　ヘルメットと大きなザックをたずさえて、意気揚々と剱岳を目指すパーティと雷鳥坂ですれ違う。雷鳥沢にはテントでくつろぐ人々。ミクリガ池には、景色に感激し、記念撮影をする普段着の人たち……。ここには昔の私の姿も、未来の私の姿も。立山に、いま、すべての人が抱きしめられていた。

岩と雪の殿堂・剱岳にご対面。別山遥拝所でお礼をする

真砂岳への急坂はザラザラと滑りやすい。内蔵助カールには1500年前の氷河が

大汝休憩所の小屋番さんが作るユニークな日替わり定食。☎ 090-8704-7006

GUIDE　立山とは、雄山神社のある雄山（3003m）、大汝山、富士ノ折立の三山の総称。登山口となる室堂ターミナル（2433m）までは、立山黒部アルペンルートを乗り継いでゆく。室堂には日本最高所の温泉もあるので、登山後はゆっくり汗を流そう。

LEVEL　中級：雄山の混雑したガレ場と富士ノ折立のザレ場を慎重に進もう。

ACCESS

〈往復〉

立山駅

↕ 立山黒部アルペンルート 1時間10分

室堂ターミナル

または

JR信濃大町駅

↕ アルピコ交通または北アルプス交通バス 40分

扇沢

↕ 立山黒部アルペンルート 1時間30分

室堂ターミナル

＊扇沢までは長野駅からの特急バスもある。

JR長野駅

↕ 特急バス 1時間45分

扇沢

COURSE TIME

〈1日目〉

TOTAL 3h20min

① 室堂ターミナル

↓ 2時間

② 雄山

↓ 1時間20分

③ 内蔵助山荘

☎ 090-5686-1250

〈2日目〉

TOTAL 4h15min

③ 内蔵助山荘

↓ 1時間15分

④ 別山北峰

↓ 1時間50分

⑤ 雷鳥平

↓ 1時間10分

① 室堂ターミナル

＊地獄谷周辺は火山性ガス発生のため、当面通行禁止（2018年5月時点）。

TATEYAMA 立山 | 北アルプス

みくりが池温泉では富山湾の白エビを使ったラーメン、ソフトクリーム、温泉が最高！
☎076-463-1441

アルペンルートは夏場や連休には長蛇の列となるので注意

ターミナルから一歩出れば別天地。湧水を汲んで出発！

雄山の登りと富士ノ折立の下りは歩きにくいので慎重に！

夏でも雪渓が残ることも。早朝は凍結に気をつけよう

日本一の山のうえで〝目撃〟したもの

富士山｜静岡県・山梨県

8月4日、河口湖で開かれる花火大会を山の上から観賞しようと、人生2度目の富士登山を計画した。前回叶わなかったご来光やお鉢めぐりをし、山頂の郵便局から葉書も出したいと、夏の一大イベントに意気込む。

朝6時半、古御嶽《こみたけ》神社に入山のご挨拶をし、山へと入る。ダケカンバの瑞々しい木漏れ日を浴びて、富士山の緑の表情を味わった。4つある登山口のなかで標高差はいちばん大きいけれど、私はこの須走《すばしり》口の森から徐々に、心が山へと馴染んでゆく感覚が好き。独立峰、富士山のなだらかな裾野も感じられる。昔の人は、五合目周辺を神の領域との境目として、「天地の境」と呼んだそうだ。その〝あわい〟を感じて歩こう。

森林限界を越えると、赤茶色をした砂礫のキャンバスに、花、蝶、空の色が映えた。夏の青い空に白い月が浮かんでいる。休憩をしていると、月はみるみる山頂の真上に達し、富士山に吸い込まれていった。そして私も、あの月と同じように富士山という圧倒的な存在に、いま引き寄せられている。1度目の富士登山以来、富士山の姿を目にすると、見えない糸でつながっている気がしてならない。今日はいつもほかの山の上から無意識に探す〝日本のシンボル〟はどこにもなくて、雄大な斜面の先に山頂がある。そして本七合目、日本で2番目に高い北岳の高さを越えた。

体がつらくなったら深呼吸。誕生日ケーキのろうそくを消すように思いっきり息を吐き出すと、しぜんと新しい空気が肺に入り、明らかに体が軽くなる。ふぅーっ、と高山病の不安もいっしょに吹き飛ばす。本八合目で吉田ルートと合流し、一気に山がにぎわった。

富士山のことを「眺める山だ」「つまらない山だ」と言う人もいる。でも、深い歴史と文化をもち、誰もが登れるよう環境が整備された日本の最高峰、富士山は、世界的にみても特別な山だ。まっすぐに、ひたむきに、その山頂を目指す。……この潔いシンプルな行為に、富士登山の奥深さと楽しさがある。びっくりするほどゆっくりとした小さな一歩で、ジグザグと最短距離では進めないことにも意味があるように思えた。そんな一途で不器用な歩き方を、富士山は「それでいいんだよ」と受け入れてくれる。鳥居をくぐるたびに脱皮をしていくようだ。

じゃんけんでザックを背負う人を決め、楽しそうに歩く若い男性グループ。外国のかたや親子連れも多い。苦しそうな仲間を励ます女性たち。最後は、気持ちが体を連れていっているように見えた。ゴロゴロの岩場になると、山頂はすぐそこだ。狛犬と鳥居の間を抜け、生涯に一度しかない「2度目」の富士山登頂！　日本一の景色をかみしめる。

「目撃してしまった」……山頂の噴火口の縁に立ち、そんな感覚に襲われた。私には、噴火口がむき出しになった心臓に見えたのだ。日本列島をひとつの体とするならば、猛烈なエネルギーを放ち、大地からの血流が集結する場所。ここまで歩いたものしか見られない日本の心が、山頂で鼓動を打っていた。

17時半。山小屋でひと息ついて外へ出ると、傾いた太陽が、麓に富士山の美しいシルエットを映し出し始める。「影富士」だ。ここにいると見られない富士山の形を、影が私に見せてくれる。やっぱり〝眺める富士山〟は美しい。その三角形の頂点は日暮れとともに山中湖のほうへ伸びていく。陸と空との境界線が蒼くぼやけ、影富士が青い海に届いたように見えた。きっと山の主が一日の務めを終え、影にのって海に帰っていったのだ。

遠くの黄昏の空に、要塞のような積乱雲が出現した。雲のなかに閃光が走る！　雷‼　地上の花火より一足先に、天空で始まる盛大な花火大会。無音の稲妻を見下ろすなんて、なんだか嘘みたいな体験だ。やがて20時、河口湖に花火が上がった。思っていたよりもうんと小さく、線香花火のよう。これもまた富士山ならではの景色。最高の夏の花火だ。

翌朝4時46分。瑠璃色の地平線に赤い粒が顔を出し、光を放ち始めた。山の主が太陽にのって、またここへ戻ってくる。暖かい光が体の芯にまで届く。山頂にいるみんなが、ただ一点だけ見つめていた。「うわ、泣いてしまうかも」。そう思ったときにはもう涙がでていた。ほかのどの山とも違う、富士山のご来光の美しさに、感謝や歓喜、胸の震えを止められない。富士山には、こんなにたくさんの人がいるのに、太陽はひとりひとりに向き合う。全員に注がれる「一対一」の光。私の黄色のレインジャケットが橙色になっている。みんなの頬も赤く染まっている。ご来光が世界の色を変え、心に太陽の欠片が宿った。

バンザイするグループ、寄り添うカップル、幸せそうな顔、顔、顔。富士山はこれまで、どれだけの人の歓喜を受け止めてきたのだろう。この〝渦〟のなかに、私は来たかったのだ。日本でいちばん笑顔がつまった山。それも富士山が日本一たる理由だ。

夕日を受けて出現する影富士が、
空と陸の境界線へと伸びてゆく

1. 富士山頂上浅間大社奥宮にて御朱印と御守りをいただく　2. 富士山に吸い込まれる白い月。山頂と満月が重なると「パール富士」と呼ばれる　3. 花や緑の多い須走ルート　4.5. 音のない花火大会。雷と花火が競演　6. 日本一の山の上に巨大な火口が開く

3

2

6

5

4

夜と朝が溶け合う空と太陽を全員で見つめる。富士山のご来光は特別！

山頂に行かない富士歩き

これも「富士山に行ってきたよ！」の日帰りハイキングコース

〈宝永山コース〉

1707 年の噴火によってできた側火山でもある標高 2693 mの宝永山は、「富士山にいながら富士山を眺められる」特等席。直径 1.3km にもなる巨大な火口越しに見上げる富士山山頂は圧巻！ 富士山の力強い息吹や雄大さ、ときには雲海などが味わえる(富士宮口から往復3時間)。

〈馬返し〜五合目〉

江戸時代、富士講と呼ばれる登拝者たちが歩いた古道のハイキングコース(約3時間40分)。道中には茶屋跡や神社などがあり、標高が上がるにつれて植生が変わる富士山の森の深さが感じられる。ゴール地点からバスで下山できる点も気軽。逆コースで富士登山ならぬ「富士下山」もおすすめ。富士登山に不安がある人は、まずは麓歩きで富士山にふれてみよう。

ゆっくりで大丈夫。小さな一歩と深呼吸、水分補給が大事

富士山の美しい森を堪能しながら高度を上げる須走ルート

ゲイターを着用し、砂走りをザザーと一気に駆け下りる

GUIDE　言わずと知れた日本一の標高（3776m）を誇る山。高山病対策として五合目付近に1時間ほど滞在してから出発し、ゆっくり一定のペースで登るとよい。また夜明けの富士山頂では夏でも体感温度が0度を下回る。防寒装備や登山計画など事前にしっかり準備を。

LEVEL　中級：人や山小屋が多い点では安心だが高山病や雨天時は無理せずに。

MAIN COURSE
ACCESS
〈行き〉
小田急線新宿駅
↓ 小田急線 1時間20分
小田急線新松田駅
↓ 富士急行バス 1時間30分
須走口五合目バス停

〈帰り〉
富士宮口五合目バス停
↓ 富士急行バス 2時間40分
JR新富士駅
↓ 東海道新幹線 1時間
JR品川駅

＊行きは、JR御殿場駅からの登山バスもある。
＊帰りは、静岡駅・三島駅までの直通バスもある。

SUB COURSE
ACCESS
〈行き〉
新宿駅
↓ 高速バス 1時間52分
富士山駅
↓ 富士急行バス 30分
馬返しバス停

〈帰り〉
富士スバルライン
五合目バス停
↓ 富士急行バス 2時間35分
新宿駅

＊帰りは、富士山駅・河口湖駅までのバスもある。

MAIN COURSE TIME
〈1日目〉
TOTAL 6h45min
① 須走口五合目バス停
↓ 1時間35分
② 新六合目
↓ 2時間
③ 七合目
↓ 1時間20分
④ 八合目
↓ 1時間15分
⑤ 九合目
↓ 35分
⑥ 扇屋
☎0550-89-0069

〈2日目〉
TOTAL 4h20min
⑥ 扇屋
↓ 1時間15分（反時計回りにお鉢めぐり）
⑦ 銀名水
↓ 35分
⑧ 八合目
↓ 50分
⑨ 七合目
↓ 40分
⑩ 宝永山
↓ 1時間
⑪ 富士宮口五合目バス停

SUB COURSE TIME
TOTAL 3h40min
① 馬返しバス停
↓ 20分
② 一合目
↓ 40分
③ 二合目
↓ 30分
④ 三合目
↓ 1時間35分
⑤ 佐藤小屋
↓ 35分
⑥ 富士スバルライン
五合目バス停

FUJISAN　富士山 ｜ 山梨県・静岡県

現代の富士山の玄関口として
にぎわう富士山吉田口五合目

ご来光を目指し、闇のなか登
山者が山頂に集結する

雲上の縦走路、お
鉢めぐりを経て3776
mの剣ヶ峰へ！

念願の御朱印。御朱印帳は麓
の北口本宮冨士浅間神社のもの

山頂郵便局から記念にハガキ
を送る。何日で届くかな？

西沢渓谷ー山梨県

涼を求めて滝めぐり

2日間の休みで、アルプスへ行こうと思っていた。けれど、どこかへ行きたい気持ちはあるのに、この夏の、この休みは、どうにも気力がわかない。毎週、山行が続くのはうれしいけれど、なにか山に行き急いでいるような、ひとつひとつの濃密な思い出の消化に気持ちが追いついていない気がしたのだ。

夏だからって、アルプスの名だたる山ばかりにこだわらなくってもいいんじゃないか……と思い直し、山ではなく谷へ、西沢渓谷に行くことにした。

1日目は夕方ころ、登山口近くの笛吹《ふえふき》小屋キャンプ場に着き、テントを立てる。道の駅で買った野菜を焼き、珍しくお酒を飲んで、早々に眠りについた。

翌朝、強い日差しで目が覚める。名物のよもぎ餅を買い、渓谷へ下り立つと、美しい青緑色をした滝壺が現れた。小さな水粒が跳ね上がり、ひんやりと涼しい。澄んだ渓谷沿いの道は水との距離が近く、つるっと滑らぬよう気をつけながら流水の縁を歩いていると、じりじりとした暑さ、夏にはやる気持ち、そして高い山へと勇む心も、いっしょに流れていくようだった。

川が滝に変わる瞬間や、流れの緩急、水の表情の変化を歩いて味わう。最後の坂を上っていくと七ツ釜五段の滝があり、一本の川の水の人生を見ているような渓谷歩き。そうなると、いつか、この源流を見に、この先の山へと行きたいな、とも思った。

川床のような平たい岩に座り、流れに足を投げ出してよもぎ餅を食べる。川の音に負けじと響く蝉の声。体がゆるみ、うとうとしそうになった。

クーラーのない時代、夏の暑さをしのぐため、打ち水をしたり、木陰に身を寄せたりしたように、「納涼の山歩き」はなかなかいいものだった。こんなゆるりとした時間も、夏の大切な思い出のひとこまになるのだろう。山の余韻を引きずって、各駅停車に乗って帰った。

GUIDE　山梨県北部に位置し、連続した滝や淵が続く美しい渓谷。トレッキングコースが整備されているのでハイカーも多い。「日本の滝百選」に選ばれた七ツ釜五段の滝は、ぜひ見ておきたい。危険防止のため、コースでは反時計回りの一方通行が推奨されている。

LEVEL　初級：滑りにくい防水靴で、転倒に気をつけて歩こう。

ACCESS

〈往復〉

JR新宿駅

↕ 特急あずさ・かいじ 1時間20分

JR塩山駅

↕ 山梨市営バス 1時間

西沢渓谷入口バス停

＊JR山梨市駅からのバスもある。

COURSE TIME

TOTAL 3h35min

① 西沢渓谷入口バス停
↓ 30分
② 西沢山荘
↓ 20分
③ 三重の滝
↓ 20分
④ 竜神の滝
↓ 15分
⑤ 母胎淵
↓ 25分
⑥ 七ツ釜五段の滝
↓ 55分
⑦ 大久保沢出合
↓ 50分
① 西沢渓谷入口バス停

花崗岩と光がつくる美しい翡翠色。涼しげな色とよもぎ餅に癒やされる

NISHIZAWAKEIKOKU　西沢渓谷 ｜ 山梨県

水粒と緑のシャワーを浴びるように歩く。空気もおいしい

西沢渓谷の名物、不動小屋の天然よもぎ100%のよもぎ餅。
☎ 0553-39-2256

さまざまな表情をみせる大小の滝や奇岩をめぐって歩く

私の北アルプス物語

体育の成績はずっと「2」の運動音痴。体力皆無でインドア派だった私が、山歩きに目覚めたきっかけは上高地《かみこうち》旅行だった。

大正池から河童橋までの平坦な道を散策した1時間半。山という大きな存在に包まれる喜びを初めて知った。梓《あずさ》川と山々を前に湧き上がってきたのは、「この景色の奥へ行き、もっと自然にふれてみたい」という感情だった。

そしていつしか、上高地の「奥」にある涸沢が目標の場所に。ひとよりも歩みが遅く、想いを叶えるまで6年もかかったけれど、涸沢にたどり着いたときの幸せは一生忘れない。

次に目指したのは、燕《つばくろ》岳から常念《じょうねん》岳までの縦走だ。ここで槍ヶ岳とも初対面。高所と岩稜への恐怖心で常念岳の山頂まで行けず、2年後に再挑戦。するとそこには、山の神様からの贈り物が用意されていた。かつての私が思い焦がれた涸沢カールと、山歩きの原点となった梓川が一望できたのだ。想いと想い、点と点がつながったように思えた。

すると、山を歩み続けるなかで、あるときから「北アルプスの山の地図」が、【概念図】というより【相関図】に見えるようになった。山を〝人物〟として捉えた、私を主軸にする、山との関係性の図だ。

親友。憧れの人。実は親子関係のAとB。登場人物は回が進むごとに増え、その関わりのなかで、思わぬ展開やエピソードが生まれた。恩人との再会。遠くから相手を見つめるだけで幸せなひととき。さらに親しい人の知らない一面にふれたり、近寄りがたい存在が無言で語る背中に胸熱くなったり。過去を遡ると、歴史を紐解くサイドストーリーに発展、なんてことも。話が奥へ深く、進んでいく。

　そうやって、それぞれの山の個性や人格に惹かれ、相手と親しくなれる方法を模索するうちに、私は「行けない」と思っていた場所と接点をもてるようになった。そして、北アルプスの山々と私の【物語】が紡がれていることに気づいたのだ。

　きっとこんなふうに、その人なりの解釈で山との関係を築き、相関図を描いていければ、ぐっと距離が近づき、よりいっそう北アルプスが立体的になる。私の憧れの人は、誰かにとっての親友かもしれないし、十人十色のつきあい方も生まれるはずだ。ここは、初心者からベテランまで、いろいろな山歩きができる素晴らしい場所だから。一歩を踏み出した先の出逢いや感動が、二歩目を導き、その人だけの【物語ある山歩き】を綴っていける。

大好きな場所を別な目線で

焼岳ー北アルプス

上高地《かみこうち》にある幻想的な大正池は、焼《やけ》岳の噴火によって生まれたという。だからいつか、自分の大切な場所の起源をたどる山歩きをしたいと思っていたのだけれど、ひとつ大きな問題が。焼岳登山でいちばんメジャーな上高地からの日帰りコースは、私がめっぽう苦手なハシゴ場のオンパレードだったのだ。

こんなときは知恵で補うしかない！と別のアプローチを模索し、新穂高ロープウェイから西穂《にしほ》山荘、そして焼岳から新中ノ湯へ、という2日間の、現実的かつハシゴ場回避のへっぴり作戦を温めた。

西穂山荘までは1時間半の道のり。紅葉に見惚れていたら、名物の西穂らーめんを注文できるギリギリの時間に到着。あぶないあぶない。ひと息つき、丸山まで出かける。

かつて見上げていた景色のなかに佇み、上高地を見下ろす。放課後の教室から、校庭にいる初恋の人を見つめるような夕暮れのひととき。ここから上高地の表情を違った角度で見ることができ、また想いは深くなる。

朝5時、山小屋の外にでると、いくつもの流れ星がおちてきた。宵に浮かんだ松明《たいまつ》のような太陽が、上高地を取り囲む山に、ひとつずつ色を灯していく。空は徐々に薄紅色に変わり、雲海にも色が染み込んだ。生命が宿ったように雲海が梓川《あずさ》の上を動く。まるで、世界の始まりみたいだ。「上高地」の由来は〝神降りる地〟。……この場で、その目撃者となれたような一日の幕開けだった。

西穂山荘を出発し、まずは焼岳小屋へ。北アルプスとは思えない静けさの、人の気配のないマイナーな道を歩いた。背後には穂高岳。その稜線は槍ヶ岳まで続いている。

山頂直下の荒涼としたザレ場を、同行者の後輩はサクサク登っていく。私は足をとられ、追いつかない。硫黄臭さにも恐怖がつのったが、頼りない一歩でも、もうここは登っていくしかなかった。シューシューと噴気音をあげる焼岳の山頂。山は生きていた。この火の神が、眼下の大正池をつくったのか。

新中ノ湯へと歩くなら秋、と決めていた理由は、植生ならではの山の装い。火山の影響で若い森が広がり、笹の草原の黄緑色を、ナナカマドの赤、ダケカンバの黄色が彩る。三つの植生は背の高さごとに境界線を描き、三層の色のトンネルに最後は吸いこまれた。

上高地をめぐる、自分なりのルート。そのご褒美はとても甘美で、回り道も決して悪いものじゃないと思うのだ。

「神降りる地」上高地。その目撃者
となれた西穂山荘の朝

1. 焼岳がつくったもうひとつの美しさ。草つき斜面の秋は特に素晴らしい　2. 噴気立ち上る焼岳山頂。火山情報を登山前に確認しよう　3. 振り返ると穂高岳が。奥には槍ヶ岳もひとつづきに　4. 生麺を使用した高山らーめんが人気の西穂山荘

上高地を違った視点から堪能。ダケカンバの黄葉も美しい

大正池を眼下に捉えて歩く。帝国ホテルの赤い屋根もある

新中ノ湯ルートで下山。旅館からバス停までが長かった!

GUIDE　北アルプスで活発に火山活動をつづける焼岳。ロープウェイの西穂高口駅経由のルートは、1泊2日となるものの稜線歩きで山頂まで登れる。ハシゴが苦手ではない人は上高地からの日帰りルートでも。焼岳の南峰は岩が崩れやすく立ち入り禁止となっている。

LEVEL　上級：長丁場なので早出を。細い尾根道と山頂直下のガレ場に注意。

ACCESS

〈行き〉
JR新宿駅
↓ 特急あずさ 2時間30分
JR松本駅
↓ アルピコ交通バス・濃飛バス 2時間
新穂高ロープウェイバス停
↓ 新穂高ロープウェイ 15分
西穂高口駅

〈帰り〉
中ノ湯バス停
↓ アルピコ交通バス 1時間45分
JR松本駅
↓ 特急あずさ 2時間30分
JR新宿駅

*松本から新穂高へのバスは夏期のみ運行。期間外は高山行きバスで平湯乗り換え。
*行きは、東京から新穂高ロープウェイまでの直通バス「毎日あるぺん号」も利用可能(期間運行)。

COURSE TIME

〈1日目〉
TOTAL 2h
① 西穂高口駅
↓ 1時間30分
② 西穂山荘
☎0263-36-7052
↕ 往復30分
③ 丸山

〈2日目〉
TOTAL 7h30min
② 西穂山荘
↓ 1時間20分
④ 2194m地点
↓ 1時間40分
⑤ 焼岳小屋
↓ 1時間30分
⑥ 焼岳
↓ 1時間10分
⑦ 中ノ湯新道分岐
↓ 1時間50分
⑧ 中の湯バス停

YAKEDAKE　焼岳 | 北アルプス

情緒ある尾根道。細い尾根や荒れた箇所もあるので慎重に

焼岳山頂には青い火口湖・正賀池が。南峰は立ち入り禁止

大岩とザレた斜面をぬうように登る。慌てず頑張ろう！

三層の紅葉のトンネルに突入する瞬間がたまらない！

岳沢－北アルプス

1DAYカール 上高地の原生林を

久しぶりの涸沢《からさわ》行きを考えてみたけれど、もうすこし気軽な行き先がいいかなと断念しかけたとき、ふと、河童橋からの眺めを思い出した。あっ！　日帰りで行ける、もうひとつのカールがあるじゃないか。

朝6時、上高地着。岳沢湿原にたちこめる朝靄が神秘的で美しい。穂高《ほたか》の山々の伏流水が集まる澄んだ川、立ち枯れた木。ここだけぽっかりと空が広がり、穂高岳や六百《ろっぴゃく》山の精気が降り注いでくるような特別な空間だ。

岳沢登山口を入ると、いきなり深い緑の世界が現れて、驚く。どっしりとした針葉樹林に苔が鬱蒼と生い茂る、静寂な佇まいの原生の森。上高地の雰囲気とはまた違う、独特の重厚感があり、なぜいままでここへ来なかったのだろうと悔やんだ。

途中、「天然クーラー」からの冷風でしばし涼み、前へ進む。やがて視界がひらけると、岳沢《だけさわ》カールは穂高連峰の最高の展望台だった。西穂高岳から奥穂高岳、そのあいだには天狗のコルやジャンダルムのギザギザの稜線が。ダイナミックな岩壁が近い。

岳沢小屋の売店で「岳沢トレイル」と描かれた手ぬぐいに惹かれ、購入した。テラスから仰ぎ見る先は、上級者の世界。そして見下ろせるのは上高地の穏やかな景色。岳沢があるのはそのちょうど半ば。穂高の岩稜を目指す人にとっての起点、というイメージだった岳沢は、上高地から往復4時間半で日帰りハイキングできる素晴らしい目的地でもあった。穂高連峰の懐に飛び込み、森といい、カールといい、上高地の魅力がさらに広がった。

帰り道、オコジョが私のあとを追いかけてきた。可愛らしさにメロメロになっていると、一瞬、オコジョは脇へ逸れ、自分の体より大きな野ネズミをくわえて戻ってきた。……うひゃあ。小さな体に、人間がかなうわけもない生命の力を垣間見た。

上高地へ戻ると、まだ14時半。嘉門次《かもんじ》小屋で岩魚を食べようと、明神《みょうじん》池へと向かった。

GUIDE　上高地から穂高連峰へ向かう途中にある岳沢には、2010 年に建設された岳沢小屋が立つ。上高地からのルートは、木漏れ日に満ちた気持ちのよい樹林帯。岳沢からは穂高連峰のダイナミックな姿が眼前に迫る。眼下に広がる上高地も美しい。

LEVEL　中級：標高差はあるが、北アルプス入門に◎。

ACCESS

〈往復〉
バスタ新宿
↕ さわやか信州号
上高地バスターミナル

＊さわやか信州号は、期間運行なので運行日に注意。バスタ新宿のほか、渋谷・東京・大宮・川越からも発着。
＊夜行バスは、さわやか信州号のほかに「毎日あるぺん号」(竹橋・新宿発着)もある。
＊電車はP118参照

COURSE TIME

TOTAL 4h30min
① 上高地バスターミナル
↓ 1時間20分
② 風穴
↓ 1時間10分
③ 岳沢小屋
☎ 090-2546-2100
↓ 50分
② 風穴
↓ 1時間10分
① 上高地バスターミナル

岳沢湿原の清流は上高地でも特に美しい。岳沢の紅葉は9月下旬から

DAKESAWA　岳沢 ｜ 北アルプス

上高地宿泊者にも人気の 1DAY ハイク「岳沢トレイル」

苔むした森を抜け岳沢へ。清流、森、岩稜の魅力を一日で

これより上は、前穂高岳・奥穂高岳に続く上級者の世界

囲炉裏で焼かれた岩魚の塩焼き。頭から丸ごと食べられる。
嘉門次小屋 ☎ 0263-95-2418

槍ヶ岳ー北アルプス

槍ヶ岳を〝見に〟いこう

2013年。槍《やり》ヶ岳へ行った。けれど、槍ヶ岳の山頂、最後の穂先に私は立てていない。登れなかった、いや、登らなかったと表現するほうが正しいのだろうか。最初から「登る」ではなく「見る」ために、槍ヶ岳に逢いに行ったのだ。

槍ヶ岳は独特の容姿とオーラを放ち、誰もが目を奪われる、北アルプスを象徴する山だ。登山者の多くは槍ヶ岳に憧れ、夢を叶えに来る。でも、槍ヶ岳の尖った穂先の形、灰色の岩壁、連続するハシゴ場……。のんびりとした山歩きを好み、極度の高所恐怖症を抱える自分には、登れるとはどうしても思えなかった。ただ、燕《つばくろ》岳から常念《じょうねん》岳への縦走をずっと見守り、励ましてくれた槍ヶ岳を、もっと近くで感じてみたいと思った。これは、そんな「槍ヶ岳と私の物語」だ。

＊

上高地を出発して2日目。横尾《よこお》山荘を早朝に出発。今日は、寄り道もいれてコースタイムは約8時間弱、標高差約1300mの長丁場だ。標識に記された「槍ヶ岳」の文字に従い、まだ歩いたことのない道への扉を開ける。

1日目、源流へと遡上するように歩いた梓川が、ここから槍沢と名前を変える。ちょうど10年前、上高地で荘厳なアルプスと翡翠色をした梓川に心を奪われ、川に手をつけた記憶が蘇る。「この美しい水はどこから流れてきたのだろう」「この奥にはどんな景色があるのだろう」。そんな思いに導かれ、感動や喜びの瞬間を拾い集めるように山を歩くようになった。……そうだ、あのときの答えがこの先にあるのか。そう思った途端、槍ヶ岳は「自分と縁がない場所」ではなく、運命的につながっていたのだと気づいた。

ババ平を越えると、左右に急峻な山がそびえる、壮大な渓谷が現れた。ここは氷河浸食でできた、U字谷渓谷だ。数万年前の氷河が山を削った痕跡は、太古の躍動を感じさせ、槍ヶ岳の尖った形が生まれた理由を教えてくれる。まだ顔は見えないが、山頂からつながる断崖に両側を挟まれると、槍ヶ岳が伸ばした両腕に包まれているようだ。谷底には、高山植物と清流の織りなす繊細な景色。氷河時代からの歴史を語る大自然には、世界に誇る、日本の山の美しさが凝縮されていた。

私は、「槍ヶ岳」という名前と姿にとらわれ、圧倒されすぎていたのかもしれない。ガイドブックで見る尖峰を、無機質な岩の塊にも感じてしまっていた。いまいる場所も、あの山頂も。色とりどりの草花たちも、ここに転がる石だって、すべてが槍ヶ岳だったんだ。

天狗原《てんぐっぱら》分岐から、〝見る槍ヶ岳〟を味わいつくすため、往復1時間10分の寄り道。雪解け後に姿を現す天狗池から、天を突く槍ヶ岳を眺める。水面は鏡となり、もうひとつの槍ヶ岳、「逆さ槍」が。青に映える、ふたつの美しい二等辺三角形を観賞した。

昼食をとっていると、遠くの会話が耳に届く。単独行の初老の男性が、南岳から縦走してきた同世代のグループと会話をしていた。「僕は体力もないし、ここで帰るんだ。いやぁ、情けないよね」と言う。……私は胸がぎゅっとなり、情けないなんてちっとも思わないと伝えたかった。だって、その男性が「うわー」と何度も声をあげ、「きれいだなぁ」と子どものように喜び、何度も何度も、カメラのシャッターを押しているのを見ていたから。その胸につきあげた感情こそが、山からの贈り物だと思ったから。感動は、自分だけのもの。彼だけのとっておきの槍ヶ岳にたどり着けたのだ。だから私も自分なりの歩き方で、私のゴールを目指そう。

ジリジリと照りつける日差しのなか、汗を拭いながら、ハイマツやお花畑の急登をジグザグと登る。息が切れ、体が疲れはじめた。明日のためにも、とにかく体力を温存しなくては。この先の景色のどこかに、あの梓川のはじまりの一滴が、と心を奮い立たせた。湧き出す清流で、ごくごくと喉を潤すと、体中にしみ渡っていく。これは槍ヶ岳から生まれた水。上高地から10年の歳月を経て、私は、やっと宝物の原石までたどり着いた。

氷河がつくったモレーン、通称グリーンバンドの上部で槍ヶ岳の穂先と再会。大地の背骨が露出したような、圧倒的なパワーを秘める穂先。一歩進むごとに、大きく、近く。もう肉眼でも山頂に立つ人の姿が確認できる。その人の小さなシルエットから、息遣いも喜びも伝染してきて、熱いものが込み上げた。みんなが想いを抱えてくる山。そして、それを受け止める槍ヶ岳という存在は神々しく、つくづく格好いい。

稜線上で一夜をすごそうと、宿泊はヒュッテ大槍に。夕暮れの山肌には「影槍」が出現した。夜になると、常念岳のほうから満月が上がり、槍ヶ岳が月明かりに照らされる。今宵は中秋の名月。山の上で月を愛で、素晴らしい夜を味わった。

＊

3日目。朝焼けが槍の穂先を真っ赤に染めあげた。モルゲンロートが槍ヶ岳の山肌をさらけ出していく。もう充分すぎるほど、いくつもの表情を見せてもらい、私は、槍ヶ岳に〝お近づき〟になれた気がした。自分の体も、朱に染まっているのがわかる。槍ヶ岳も、私も、同じ色。槍ヶ岳の一部になったように思えてきた。そしてこれが、いまの自分にとってのゴールだ、と思った。

ヒュッテ大槍から、苦手な高所や東鎌尾根の切り立った岩稜を避け、いったん殺生《せっしょう》ヒュッテまで下り、そこから改めて山を上がる。道のりは長く、時間と体力は必要だけれど、手を使ったり、恐怖心を感じたりするような難所はない。穂先に登らないという選択が、山と私を結んでくれた。

槍の肩。山頂直下の槍ヶ岳山荘から、大きな穂先を目に焼きつける。不思議と「登りたい」という気持ちは湧き上がらなかった。

「え？　登らないの!?　こんなに晴れて風ひとつない日なのに、もったいない」

居合わせた登山者の方に言われて、たしかに、そのとおりだった。こんなに好条件の日は、なかなかない。〝もったいない〟という言葉は、最高の贅沢という意味でもある。だから、私も「そうですねぇ」と笑い返した。

穂先に向かってハシゴを一段ずつ、岩と対話しながら登っていく人たちの挙動を見守った。やがて、「やったー」とうれしそうな声が山頂から届いた。

あの山頂に立った人にしか見ることのできない、特別な景色があることは事実だ。あの場所でしか味わうことができない感情もある。けれど、もうひとつの事実として間違いなく言えるのは、私にとっての槍ヶ岳もこのうえなく美しく、喜びにあふれ、幸福に満ちたものであるということ。

山は逃げない。……だから楽しみは、未来の私にとっておこう。歳を重ねても、山歩きは続けてゆける。それは、山で出会ってきた先輩のおばさまたちが、野花のような笑顔で私に教えてくれたことだ。想いがつのればつのるほど、景色は美しく見える。槍ヶ岳もきっと待っていてくれる。

自分らしい山歩きを続け、いつの日か、心の底から「あの頂に立ちたい」と望んだら。その想いをこらえきれなくなったとき……。それが私にとって「槍ヶ岳」に手をふれる日なんだ。そのときこそは、想いを叶えに、ここにまた戻って来よう。

氷河がつくった壮大な景観。
穏やかな天狗池に槍の穂先が映る

〈1日目＆2日目〉

1. 北アルプスの玄関口、そして自分の原点でもある上高地から歩きだす　2. 槍沢の清流にひんやり　3. 横尾からは涸沢、蝶ヶ岳、槍ヶ岳へと道が分かれる　4. 槍ヶ岳を"見る"ことを味わいつくした3日間　5. 天狗原のお花畑　6. 思い出の常念岳の上に、中秋の名月が

2

1

6

5

4

まだ姿を見せてくれない槍ヶ岳を感じながらU字谷渓谷を進む

〈3日目〉

7.朝焼けに染まった槍ヶ岳　8.槍ヶ岳山荘で焼かれたパン　9.ライチョウ！　10.滝谷の橋を渡る。新穂高への道は長い……　11.槍平小屋で休憩　12.私の槍ヶ岳

GUIDE　鋭く天を突くような山容から、登山者の憧れといわれる槍ヶ岳。山頂を目指すコースはいくつかあるが、最もポピュラーなのは、紹介している槍沢をつめていくコースだ。天狗原では、凹地やモレーン（堆石堤）など、氷河地形の遺物を見ることができる。

槍ヶ岳を去るとき、向こうに見えたのは裏銀座の山々。双六岳を目指す気持ちを固めた瞬間

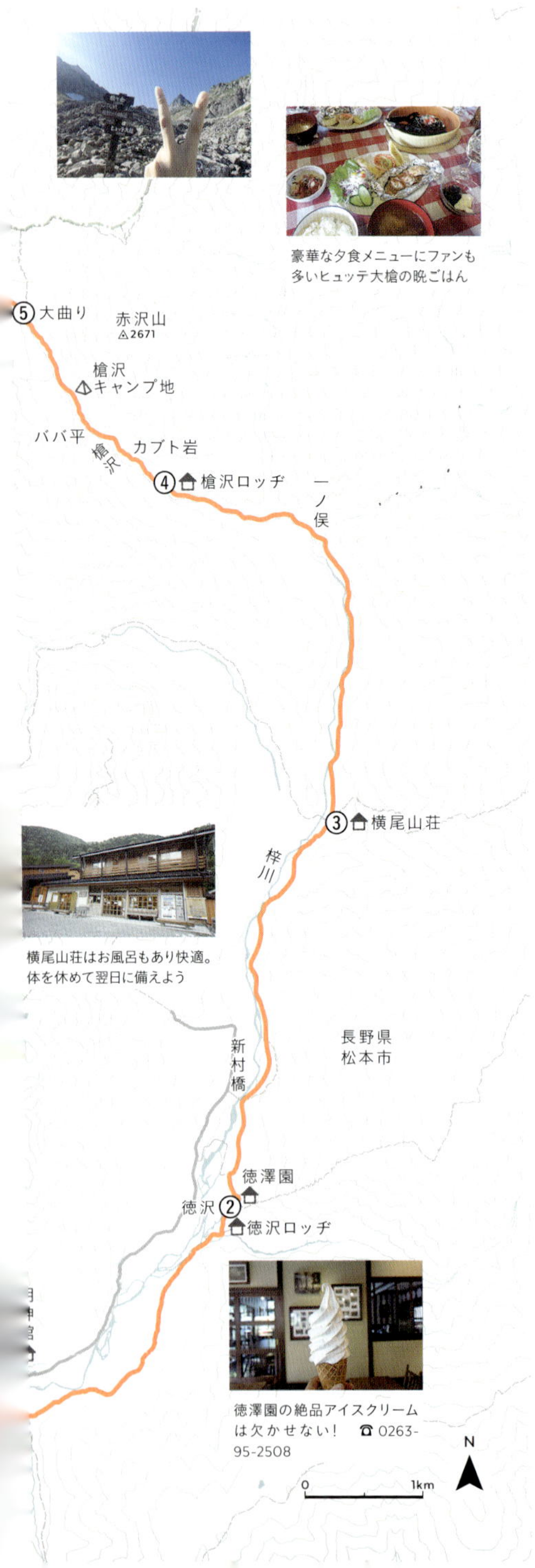

豪華な夕食メニューにファンも多いヒュッテ大槍の晩ごはん

横尾山荘はお風呂もあり快適。体を休めて翌日に備えよう

徳澤園の絶品アイスクリームは欠かせない！ ☎0263-95-2508

LEVEL　上級：穂先に行かなければ難所はないが、行程が長く体力を要する。

ACCESS

〈行き〉

JR新宿駅
↓ 特急あずさ 2時間30分
JR松本駅
↓ アルピコ交通上高地線 30分
アルピコ交通新島々駅
↓ アルピコ交通バス 1時間5分
上高地バスターミナル

〈帰り〉

新穂高ロープウェイバス停
↓ アルピコ交通バス・濃飛バス 2時間
JR松本駅
↓ 特急あずさ 2時間30分
JR新宿駅

＊東京から上高地までの直通バス「さわやか信州号」「毎日あるぺん号」も利用可能（期間運行）。
＊帰りも新穂高ロープウェイから東京までの直通バス「毎日あるぺん号」が利用可能（期間運行）。

COURSE TIME

〈1日目〉
TOTAL 3h25min
① 上高地バスターミナル
↓ 2時間15分
② 徳沢
↓ 1時間10分
③ 横尾山荘
☎0263-95-2421

〈2日目〉
TOTAL 7h40min
③ 横尾山荘
↓ 1時間40分
④ 槍沢ロッヂ
↓ 1時間40分
⑤ 大曲り
↓ 1時間
⑥ 天狗原分岐
↓ 40分
⑦ 天狗池
↓ 30分
⑥ 天狗原分岐
↓ 1時間30分
⑧ 坊主の岩小屋
↓ 40分
⑨ ヒュッテ大槍
☎090-1402-1660

〈3日目〉
TOTAL 7h35min
⑨ ヒュッテ大槍
↓ 15分
⑩ 殺生ヒュッテ
↓ 1時間
⑪ 槍ヶ岳山荘
↓ 1時間20分
⑫ 千丈分岐点
↓ 1時間30分
⑬ 槍平小屋
↓ 50分
⑭ 滝谷出合
↓ 2時間40分
⑮ 新穂高ロープウェイバス停

YARIGATAKE　槍ヶ岳 | 北アルプス

行ける方は、ぜひ槍ヶ岳の山頂へ！ 往復1時間

増水時は滝谷の橋が渡れなくなる場合もあるので要注意

1日目はぜひ上高地の清流を右岸ルートで味わってほしい

バスターミナルで登山届を提出。※ほかの山でも同様に

1

北アルプス

双六岳・雲ノ平・高天原

黒部の源流を越えて憧れの地へ

「雲上の楽園」「北アルプス最奥の秘境」と呼ばれる雲ノ平《くもだいら》。標高2600mの山の上に広がる美しい場所へは、どの登山口から歩いても往路だけで2日かかり、私にとっては憧れの山の、そのまた先にある夢のような存在だった。けれどついに時は満ち、雲ノ平とさらに奥の高天原《たかまがはら》を目指すことになった。5日間の長い縦走を前に、いつになく緊張した。

初日はわさび平小屋泊。双六岳《すごろく》へ行くという若い女性たちに、数年前の自分が重なる。北アルプスの峻険な山々とは対照的な、まんまるとした山容に惹かれ、当時、目標にしていた双六岳。草原の一本道の先に顔を出す槍《やり》ヶ岳の眺め。どこがピークか、というこだわりが抜け落ちたようなおだやかさ。その大好きな双六岳を越え、今回は雲ノ平へ。まだ遠くて眺めることすらできないが、「いつの日か」と願った一日一日を懸命に歩き、楽しみ、夢との距離を縮めていきたい。

2日目から最終日までは連日、コースタイムでおよそ6時間から8時間。この日は西穂高から奥穂高、槍ヶ岳へ続く稜線が並走してくれる。きっと今日も多くの登山者があそこに。想いを一身に受け止めている穂高連峰の背中は凛々しく見えた。その背中を見つめ、

1. 北アルプス最奥地に鎮座する、黒部源流の山々から受け取ったひとしずくに力をもらう　2. 寒くても食べると決めていた鏡平小屋のかき氷　3. 槍・穂高連峰を映し出す鏡池　4. 雨にも打たれながら歩いた5日間　5. 双六小屋が見えてきた！　6. 念願の三俣山荘と雲ノ平山荘の山バッジ　7. 水晶岳、黒部五郎岳、雲ノ平と、四方八方の山々へ行く人、帰る人が集う三俣山荘

自分と山との歴史を振り返る。燕岳《つばくろ》から常念《じょうねん》岳への稜線と平行して延びる槍ヶ岳の稜線へ、そしていま、またひとつ奥の稜線へ。すこしずつ山の奥へ来ていることがうれしかった。

双六小屋でつかの間の休憩をとり、先へ出発。紅葉のさざ波に乗って沖へ沖へと、山の深いところへ吸い寄せられるように足が進むので、疲れはまだ気にならない。それでも三《みつ》俣《また》山荘の向こうにどっしりとそびえる鷲羽《わしば》岳が翼を広げて出迎えてくれた瞬間、一日を歩き終えた安堵でその胸に飛び込みたくなった。

3日目。ダケカンバの白肌と黄葉を味わいながら、いったん谷へ下り、黒部《くろべ》川水源地に足を踏み入れた。すると想像もしていなかった感情が、体の奥底に湧き上がった。

北アルプス奥地に鎮座する水晶《すいしょう》岳、鷲羽岳、三俣蓮華《みつまたれんげ》岳、黒部五郎岳……。長い時間をかけて山々の体を通り、一滴、また一滴と生まれた水が、黒部川の源流となる場所。黒部の山の主たちの尊い魂のカケラをもらっている気持ちになる。大きな「山」という存在そのものが濃縮された雫となって、私にまで流れ込んでくる感覚。本当は歩かないとふれられないはずのすべての山に、いまここでつながっていると感じられる特別な空間だった。遥か

1

彼方から届いた、ひとしずくに力をもらう。

徒渉をし、急坂を登りきると、いっそう壮大になる景色。大自然が創造した庭園が現れ、水晶岳や薬師岳を大借景とした枯山水や池庭の回廊をめぐった。足元にはチングルマの綿毛やウラシマツツジ。周りの山々も紅葉の真っ盛り。色をとおして語られる、植物たちの生き様に魅了される。そんな自然界の〝気〟と〝色〟でつくられた気色《けしき》のなかに、ぽっかりと時が止まった天国のように佇む雲ノ平が見えてきた。もう、ザックを背負っている感覚も、歩いている感覚もなくなって、感謝と喜びで顔がくしゃくしゃになる。できることなら、この景色のなかに永遠にいたい。

３６０度、錚々たる山々に囲まれながら雲の上に浮かび、光に透けて黄金色に輝く大草原。黒部の源流と同じく、秘境を包む山々から雲ノ平にエネルギーが注がれている。ここまでひたむきに歩き続けた想いが解き放たれ、全身全霊で喜びを叫びたくなる。池塘も宝石みたいだ。「こんな美しい世界があるんだ」。そんな夢のような現実。山の神様が会議をするなら、ここ以外にないだろうと思うほど美しい。私はいまも、決して難易度の高い、険しい山を登れる登山者に成長できた

1. 名のごとく、立派な翼を広げた姿のような鷲羽岳。ついに憧れの山域へ来たのだと喜びが込み上げる。雨上がりの夕暮れのひととき　2.3. 色に呼び止められて　4. 北アルプス最深部の秘湯中の秘湯。雲ノ平からも約3時間、足をのばす道程は決してラクではなかったが一生の思い出になった。渓流に湧く温泉は人生で No.1！　5. 黄金色の別天地。雲ノ平山荘まで幸せな空中散歩

わけではないし、歩くのも速くない。だけれど、ありのままの弱さと同居し、自分に合ったペースや背負える荷の重さを知ることで、長く、奥へと歩き続けられるようになっていた。雲ノ平山荘へと続く木道を、腕をいっぱいに広げ、一歩一歩を愛おしみながら歩く。

その後、途方もなく遠く思えた旅は、北アルプス最奥の秘湯、高天原へと行き着いた。いちばん近い登山口からも13時間かかる高天原温泉。海外旅行ほどの時間をかけて、歩いてたどり着いた、川に湧く野天の湯は、私をひとまわりもふたまわりもたくましくし、体の疲れも癒やしてくれた。

4日目、一気に双六小屋まで戻ると、「ただいま」と声が出る。この旅の双六岳は、私の心のベースキャンプに思えた。未知の世界へ羽ばたくとき、かつての大切な場所は色褪せた通過点になってしまうのではなく、かけがえのない宝物のまま、自分を誰よりも応援してくれる拠り所になってくれていたから。

つぎは、尊い一滴が生まれる黒部の山々をひとつひとつ歩いてみたい。雲ノ平にも泊まりたい……と夢が夢を導いてゆく。ゆっくりと歩み続けた年月のなかでもらっていた、たくさんの山の雫が、未来へ歩む原動力だ。

ココがはじまり

双六岳・雲ノ平・高天原 | 北アルプス

趣のある高天原山荘。温泉まではさらに20分下る。水着持参で野天温泉を堪能しよう

黒部源流部の奥に徒渉があるので増水時は注意が必要

三俣山荘の喫茶室にて。黒部の湧水で本格サイフォンコーヒーを

GUIDE　北アルプスの最深部に位置する雲ノ平と高天原は、お花畑と池塘が点在する「地上の楽園」。ロングコースだけに体力が必要だが、歩き通したときの達成感は格別だ。山旅の疲れは、奥黒部の源流にある高天原温泉でゆっくりと癒やそう。

LEVEL　上級：長丁場だが危険箇所は少ない。体力や日程を考慮したプランで。

ACCESS

〈往復〉

JR新宿駅

↕ 特急あずさ 2時間30分

JR松本駅

↕ アルピコ交通バス・濃飛バス 2時間

新穂高ロープウェイバス停

＊松本から新穂高へのバスは夏期のみ運行。期間外は高山行きバスで平湯乗り換え。
＊行きは、東京から新穂高ロープウェイまでの直通バス「毎日あるぺん号」も利用可能（期間運行）。

COURSE TIME

〈1日目〉
TOTAL 1h10min
① 新穂高ロープウェイバス停
↓ 1時間10分
② わさび平小屋
☎0577-34-6268

〈2日目〉
TOTAL 8h20min
② わさび平小屋
↓ 3時間50分
③ 鏡平山荘
↓ 2時間10分
④ 双六小屋
↓ 2時間20分
⑤ 三俣山荘
☎0263-83-5735

〈3日目〉
TOTAL 6h15min
⑤ 三俣山荘
↓ 3時間10分
⑥ 雲ノ平山荘
↓ 2時間30分
⑦ 高天原山荘
☎076-482-1917
↕ 往復35分
⑧ 高天原温泉

〈4日目〉
TOTAL 7h05min
⑦ 高天原山荘
↓ 4時間45分
⑤ 三俣山荘
↓ 2時間20分
④ 双六小屋
☎0577-34-6268

〈5日目〉
TOTAL 5h10min
④ 双六小屋
↓ 5時間10分
① 新穂高ロープウェイバス停

SUGOROKUDAKE・KUMONODAIRA・TAKAMAGAHARA

雲ノ平山荘から高天原へは、かなり下る。ハシゴ場アリ

北アルプスの中央部に広がる溶岩台地、雲ノ平

今回は巻き道を利用したが余裕があれば双六岳の山頂へ

標高差もある長い道のり。景色を楽しみながら一歩ずつ!

2～4時間ごとにある山小屋の「食」に英気をもらおう

VIII

３ｇのお月さま

じつは槍ヶ岳登山のとき、〝お月さま〟をザックに入れて持っていきました。この日は中秋の名月。もし、楽しみにしていたお月見ができなくても、がっかりしないようにと、割り箸に黄色い紙をくっつけて作ったのです。完成したお月さまの重量は３ｇ。楽しみにしていた山登りの日はやっぱり晴れを願ってしまうものだけれど、どんなお天気だったとしても、自然相手のこと。以来、景色が見えないときは、心に忍ばせた、お手製のご来光や富士山をそっと掲げてみています。

9月

SEPTEMBER

木曽駒ヶ岳－中央アルプス

ロープウェイで山の上で待つ大きな空へ

　ロープウェイを降りると、そこは別世界だった。私たちを乗せたロープウェイは、950mをたった7分半で上り、一気に標高2612mへ。鮮やかな蒼い空、白い岩肌、雄大な千畳敷《せんじょうじき》カール、絶景が目の前に広がる。

　空めがけて延びる八丁坂の登山道は、上を見ると首が痛くなるほどの急勾配だ。初めて来たときは心くじけそうになった岩稜を、紅葉を味わう余裕をもって着実に進む。すでにロープウェイ駅がおもちゃのように小さい。

　1時間ほどで乗越浄土まで登りきると、私たちの上には、もう、空しかなかった。山と山とをつなぐのびやかな稜線が続いている。

　急に友人が、先を見据えたまま、泣き笑いのような顔で、ぽそりと呟いた。

「ああ。これがあれば、大丈夫な気がする」

　人生の壁にぶつかり、大好きな登山からさえも足が遠のいてしまっていた近況はすこしだけ聞いていたから、その言葉に、私のほうが思わず泣きそうになってしまった。

　山のもつ力は、すごい。山へ行くたび、ボロボロになった心が、ちょっとだけたくましくなれる。山の写真を見返して〝自分の笑顔〟を思い出すことだってあるし、笑いすぎて、頬まで筋肉痛になったりもする。一日の登山が、何百日分もの日々の支えになる。そして私たちは町で何回会うよりも、たった一回の山で、ほんとうの友達になれた気がした。

　圧倒的な高山の景観に目を奪われながら、木曽駒《きそこま》ヶ岳の稜線と大きな空を泳ぐように歩いた。ひと休みをしていると、眼下に雲が湧き、山頂は雲上の世界に。飛行機雲が空にまっすぐな線を描いていたが、飛行機より、誰より、空の近くにいると思えた。

　ロープウェイを使って、びゅーんと空の上へ。人生だって、ゴールが見えない長い道のりを楽しめないときもあるから、近道もたまには必要だ。けれどそこから、小さな決断を積み重ね、自分の足でたどり着いた先には、さらに素晴らしい景色が待っている。

GUIDE　中央アルプス最高峰の木曽駒ヶ岳は、ロープウェイで手軽に登れるのでハイカーからも人気。とくに9月下旬から10月上旬にかけては、日本有数の紅葉といわれる千畳敷カールを目当てに多くの人が訪れる。ロープウェイも大混雑するので時間に余裕をもとう。

LEVEL　中級：アルプス入門の山だが高度感のある岩稜帯歩きとなる。

ACCESS

〈往復〉
新宿
↕ 高速バス 3時間30分
駒ヶ根インター（女体入口）
↕ 伊那バス 40分
しらび平駅
↕ 駒ヶ岳ロープウェイ 8分
千畳敷駅

COURSE TIME

TOTAL 3h40min

① 千畳敷駅
↓ 1時間
② 乗越浄土
↓ 30分
③ 中岳
↓ 30分
④ 木曽駒ヶ岳
↓ 50分
② 乗越浄土
↓ 50分
① 千畳敷駅

広々とした木曽駒ヶ岳山頂にて。下山後は駒ヶ根市名物・ソースかつ丼を。ガロ☎0265-81-5515

KISOKOMAGATAKE　木曽駒ヶ岳 ｜ 中央アルプス

乗越浄土からは、アップダウンはあるものの美しい稜線歩き

宝剣岳は上級者向きの難易度が高いコースなので注意！

裏岩手縦走路と
町に浸る
山旅の2日間

八幡平・三ツ石山－岩手県

「人それぞれに、岩手山を眺めるお気に入りの橋があるんです」。そんな盛岡の人の言葉を思い出しながら、旭橋を渡った。

朝一番の目的地は「福田パン」。〝盛岡市民のソウルフード〟と呼ばれる、給食などでお馴染みのコッペパン屋さんだ。目の前で具を挟んでもらい、朝食にパクリ。地元で愛される〝変わらぬ味〟は、故郷の風景や記憶のなかに存在し続ける山に、すこし似ている気がした。さらに歩き、つぎは荒物屋の「ござ九・森九商店」へ。買ったのは弁当かご。岩手の山野に自生するしなやかな篠竹で編まれた民芸品で、おやつを入れる山道具として、ずっと欲しかったのだ。モノと自分が結ばれる過程に、山の旅があることがうれしい。さて、そろそろバスで八幡平《はちまんたい》へ向かおう。

八幡平ではすぐに稜線漫歩が始まった。どこまでも歩けそうな、ゆるやかな道が続く。以前、安比《あっぴ》高原から岩手山までの約50kmを4日間で縦走し、とりこになった裏岩手縦走路。今回は2日間で八幡平から松川温泉へと歩く。大深《おおぶか》山荘に泊まるのも楽しみだ。このエリアには清潔で快適な、なんともいい雰囲気の無人小屋がある。

視線の先にある端麗な岩手山の姿が、いつしか心の拠り所になっていく。たおやかな東北の山並みは、地平線に広がる森の海！　山を登っているというよりも、溶け込んでいく感覚になる。私は歩いていてやさしい気持ちになる裏岩手縦走路がたまらなく好き。ここは難しい頂を目指す登山ができず行き詰まっていたかつての私に、「山にひたる幸せ」を教えてくれた場所。山を登ろうが下ろうがどちらでもいい。ただただ山を歩き、自分は自然にふれていたいのだ、と改めて気づけた。

思い出の三ツ石山を越え、松川温泉へ。裏岩手縦走路はどの登山口にも名湯があって、極上の温泉トレイルでもある。

盛岡駅に戻り、今度は開運橋から岩手山を眺めた。民芸品や郷土料理も、土地を知るひとつの方法。「山へ行ってきたのかい？」……ほうぼうで背中のザックが会話のきっかけをくれた。「登山口から下山口」を、ちょっと広げて「麓から山」に。すると、その土地に暮らす人にとっての山の存在や、その風土から生まれたものにもふれられる。歩くほどに、これまで縁のなかった旅先の風景や町並みが愛おしい。私には「登山」より、「山歩き」や「山旅」という言葉がしっくりとくる理由は、こんな2日間のなかにあるのかもしれない。

DAY 1

盛岡

6:30

盛岡着・旭橋からの岩手山

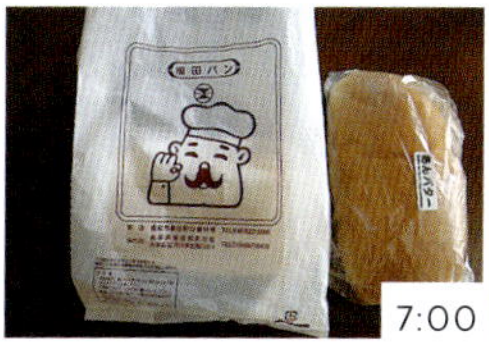

7:00

福田パンのコッペパン
☎ 019-622-5896

ござ九・森九商店で弁当かご購入
☎ 019-622-7129

9:30

バスで山に出発!!

山歩き
START!

八幡平1泊2日

11:30

DAY 2

1. バス停から登山道へ入るとすぐに稜線歩きが始まる。岩手山が美しい　2. 使用後は各自で掃除をして、利用のお礼を　3. 小畚山を登り、なだらかな稜線を進む　4. 三ツ石山の紅葉は例年9月20日あたりから見頃に

盛岡

16:30

民芸品（光原社）
☎ 019-622-2894

じゃじゃ麺（白龍）
☎ 019-624-2247

南部鉄器（釜定）
本店 ☎ 019-622-3911

19:00

盛岡純喫茶（喫茶ふかくさ）
☎ 019-622-2353

今回は盛岡での滞在を満喫するため、あえて夜行バスに。下山後に小腹が減っていたら、まずは軽くローカルグルメを。お店めぐり（閉店時間を事前にチェック）や盛岡に残る古い町並みを散策したり、昔ながらの喫茶店文化を味わおう。時間を逆算しておいて、最後にもう一食！

21:00

冷麺&焼き肉（肉の米内）
☎ 019-624-2967

23:00

夜行バスで東京へ

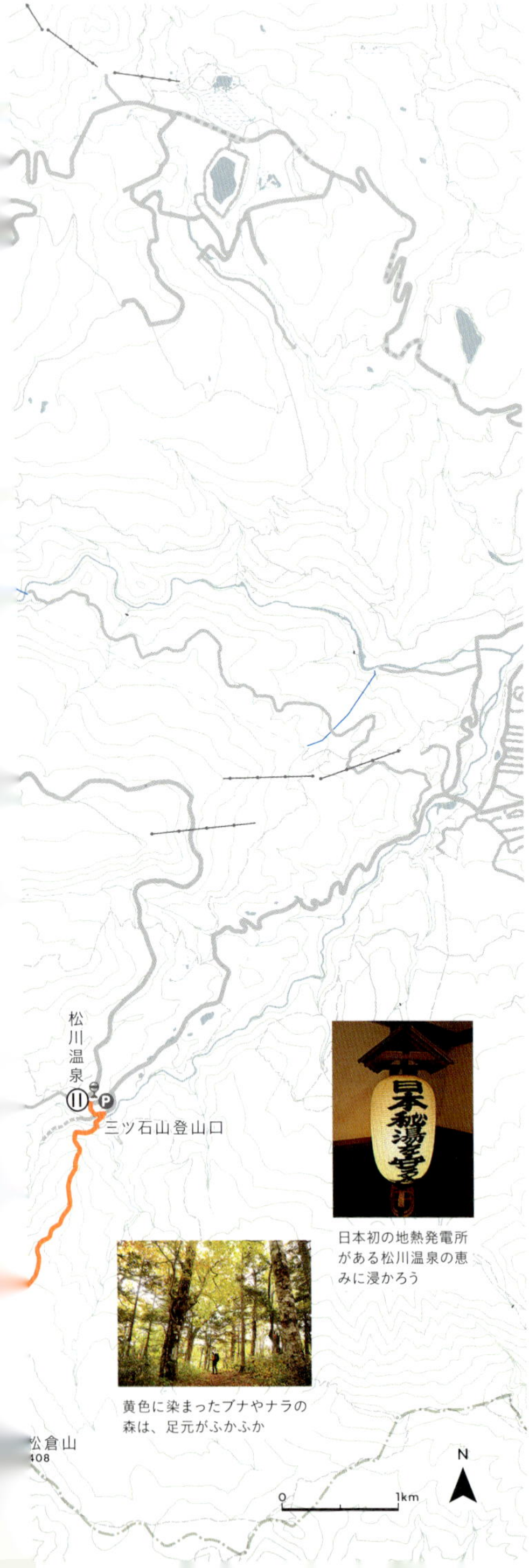

日本初の地熱発電所がある松川温泉の恵みに浸かろう

黄色に染まったブナやナラの森は、足元がふかふか

GUIDE　裏岩手連峰縦走路はやや長いものの、アオモリトドマツやダケカンバなど東北ならではの奥深く静かな山歩きを楽しめる。登山前後には、藤七温泉や松川温泉のように個性豊かな温泉に浸かれるのも魅力。大深山荘は無人小屋なので寝具と食料を持参すること。

LEVEL　中級：無人小屋泊なので山中泊に慣れてきたら。

ACCESS

〈行き〉
バスタ新宿
↓ 高速深夜バス 7時間15分
盛岡駅
↓ 岩手県北バス 2時間
八幡平頂上バス停

〈帰り〉
松川温泉バス停
↓ 岩手県北バス 1時間40分
盛岡駅
↓ 高速深夜バス 7時間30分
東京駅

COURSE TIME

〈1日目〉
TOTAL 4h05min
① 八幡平頂上バス停
↓ 15分
② 裏岩手連峰登山口
↓ 20分
③ 畚岳分岐
↓ 1時間（山頂往復＋20分）
④ 諸桧岳
↓ 1時間30分
⑤ 嶮岨森
↓ 1時間
⑥ 大深山荘

〈2日目〉
TOTAL 5h10min
⑥ 大深山荘
↓ 35分
⑦ 大深岳
↓ 1時間15分
⑧ 小畚山
↓ 1時間10分
⑨ 三ッ石山
↓ 30分
⑩ 三ッ石湿原
↓ 1時間40分
⑪ 松川温泉バス停

HACHIMANTAI・MITSUISHIYAMA 八幡平・三ツ石山 | 岩手県

八幡平山頂レストハウスで地元の銘菓を購入し、行動食に

東北の水場に置かれている、すてきな手作りの銀ひしゃく

利用者ひとりひとりの心がけが伝わる清潔な無人小屋

大深山荘の水場へ。裏岩手縦走路の水場はどれもおいしい

まるで錦繍の海！ 三ツ石山の手前で来た道を振り返る

三ツ石山の斜面の紅葉は特に素晴らしい

IX

1. 南部鉄器、ざる類などの民芸品。日々の暮らしで使う台所用品も山帰りにそろえたもの　2. 左から、高尾山薬王院の熊手と天狗のうちわ、雷鳥はりこ、富士山頂上浅間大社の御札、松本だるま、八戸の郷土玩具・八幡馬　3. 下山後に立ち寄ったカフェの自家焙煎の珈琲豆。豆を挽くたび山旅の余韻が続く　4. エベレストに初登頂したニュージーランドの登山家、ヒラリー卿が描かれた貯金箱　5. なんともシュールなヨセミテの熊マグカップ　6. シラカバ細工の登山人形とニホンカモシカ　7. 山の手ぬぐいはふきんやハンカチとして普段使いに　8. ヨセミテ国立公園のパンフレットを額に入れて　9. 高山植物が描かれた酸ヶ湯温泉の暖簾

暮らしのなかの山旅土産

DROP IN ON THE WAY

10
月

OCTOBER

安達太良山―福島県

『智恵子抄』のほんとの空を探しに

ぜひとも泊まりたい！

くろがね小屋

- おすすめPOINT -

1. **温泉**
24時間入り放題の源泉かけ流し！
2. **カレー**
秘伝と謳われる夕食の名物メニュー
3. **コンロ＆鍋セット**
事前予約でレンタル可能（材料は自前）。素泊まり＋鍋という手も！

ロープウェイを降りると、赤、緑、黄、橙、色の粒が弾けた。山肌が緻密な点描画で埋め尽くされ、紅葉のモザイク模様に染め上げられていた。その色のひとつひとつが、これは植物の「命の色」なのだと私に訴え、そして、目の前の動かぬ景色は「命の集合体」だと伝えてくれる。そんな秋に、私は惹かれる。

同じように見えて、それぞれ違う安達太良《あだたら》の色たち。この色を見ていたら、自分の個性、誰かの個性、すべてを山に受け入れてもらっているような気持ちになった。みんな同じじゃなくていい。世界に〝いろいろ〟があることが美しいのだ、と。

色の渦を歩ききると、岩が積み重なる安達太良の山頂が見えた。ガスがかかり一面を灰色に塗り替えたが、それが時折見える空の青さを、いっそう強く心に刻ませる。

沼ノ平の噴火口へ向かうと、山歩きが突然、月面旅行になった。「うわぁ」という感嘆詞を発したあと、言葉を失ってしまった。なにも生息できないかのような荒涼とした褐色の地は、脈うつ地球の力強い姿だった。

今回は、日帰りでも歩ける道のりをあえて2日で。その目的は、くろがね小屋だ。くろがね小屋の魅力は、ランプの灯り、建物の佇まい、おいしいカレーや温泉卵、スタッフの方々のぬくもり。そして、温泉だ。あの火口の景色を見たあとでは、温泉は癒やしというより山の恵み。大地にぷくっと体をうずめて、力をもらっているように思える。

「これ以上の幸せ、ほかにはないよね」と湯船で隣り合った女性たちの会話に、心のなかで強く頷く。数秒ごとに、溜息と感動が、さざ波のように押し寄せる時間。何日も歩いてしか出会えないような景色が、たった数時間のなかに詰まった山。それが安達太良山だった。

――智恵子は遠くを見ながら言ふ。
――阿多多羅山の山の上に
――毎日出てゐる青い空が
――智恵子のほんとの空だといふ。

高村光太郎の『智恵子抄』の一説だ。

東京に暮らす私にとって、東京の空もほんとの空。ビルの隙間の小さな空に励ましてもらうこともある。でも、山歩きに出会い、目をつむると思い浮かぶ「大切な空」が自分の心に持てるようになった。

都会の空も、あの山の上にある空とつながってくれている。その揺るぎない存在の大きさが、私の心を豊かにする。

※くろがね小屋は2019年度に改築工事に入り、20年度以降に再オープンの予定。

色とりどりの紅葉に包まれて。植物
たちが色で語りかけてくる

4

3

2

1

1. 同じ樹種の紅葉にも色のグラデーションが　2.3. 沼ノ平の爆裂火口は深さ 150m、直径 1km もあり、月のクレーターのよう。ぜひ立ち寄ってほしい　4. 乳首と呼ばれる安達太良山の山頂。岩が積み重なり、短い鎖場がある

麓の岳温泉の湯も素晴らしい。ソースカツ丼が名物
成駒☎ 0243-24-2412

ロープウェイを使えば約4時間半の行程で、日帰りも可能

GUIDE　福島県中部にある活火山で、高村光太郎の『智恵子抄』にも登場する山。山麓には岳や塩沢、野地など有名な温泉地があり、温泉つきの山小屋「くろがね小屋」が人気。火山の景観が見どころの沼ノ平周辺は、現在も有毒な火山性ガスを噴出しているので注意。

LEVEL　中級：高低差、コースタイムともに歩きやすい。

ACCESS
〈往復〉
JR東京駅
↕ 東北・北海道新幹線 1時間20分
JR郡山駅
↕ 東北本線 25分
JR二本松駅
↕ 福島交通シャトルバス 50分
奥岳バス停
↓ あだたら山ロープウェイ 10分
山頂駅

＊JR二本松駅からのシャトルバスは、4月下旬〜9月の土日祝日、10月〜11月上旬の毎日運行。

COURSE TIME
〈1日目〉
TOTAL 2h30min
① 山頂駅
↓ 5分
② 展望台
↓ 35分
③ 表登山口・仙女平分岐
↓ 40分
④ 安達太良山
↓ 10分
⑤ 乳首
↓ 15分
⑥ 牛ノ背
↓ 15分
⑦ 峰の辻
↓ 30分
⑧ くろがね小屋

〈2日目〉
TOTAL 1h40min
⑧ くろがね小屋
↓ 30分
⑨ 勢至平分岐
↓ 1時間10分
⑩ 奥岳バス停

ADATARAYAMA　安達太良山 | 福島県

朝食には、小屋番さんが源泉を利用してつくった温泉卵も

吹き抜けのあるモダンな造り。歳月を重ねた内装が美しい

視界不良の場合は岩につけられたペンキ印を頼りに歩こう

安達太良山の見事なモザイク紅葉。山肌が色とりどりに

寄り道 たくさんの山小屋めぐり

硫黄岳・天狗岳—八ヶ岳

地図を広げ、まずは妄想登山。このとき私が見ているのは、山頂よりも山小屋のマークだ。「この山小屋に行きたいから、この山を目指そう。この道を通ろう」というぐあいに、山小屋ありき、が私にとっての八ヶ岳《やつがたけ》。

秋の八ヶ岳山行は、友人のリクエストでオーレン小屋泊に決まった。お風呂と馬肉のすき焼きに惹かれたそうだ。夏沢鉱泉から1時間ほどでオーレン小屋に着いたら、昼食のボルシチを注文。そうそう、八ヶ岳の山小屋は軽食メニューも魅力的で、「どの時間にどの小屋を通り、なにを食べるか」も悩ましい。

硫黄岳からオーレン小屋に戻り、「ただいま」と言わせていただく。常連でもないのに、山小屋が自分の帰りを待ってくれているような気持ちになる。同じ食卓を囲むのは、年齢も職業も違うけれど、「山が好き」という気持ちが共通点で出会えた人たち。隣の席の方から聞いたおすすめの山をノートに書き留めた。

2日目は黒百合《くろゆり》ヒュッテへ行くために、根《ね》石《いし》岳、天狗《てんぐ》岳を越えてゆく。友人と「山小屋と山頂、どっちが寄り道かな」と笑いあった。紅葉やきのこに呼び止められて歩が止まったり、おやつが待ち遠しくて足早になったり。まだ外にいたいのに、人恋しくなったり。まるで子どもの帰り道。あちこち弾む心の動きそのものも、寄り道みたいだった。

黒百合ヒュッテのカフェで、こけももマフィンをいただく。ちょうどご主人の姿もあった。お酒と占いをこよなく愛するやさしい方なのに、私がちょっとだけ緊張してしまうのは、いつも山と向き合い、自然や登山者のために尽力してくださっているから。

最後の目的地、しらびそ小屋は、今日も変わらず静寂の湖畔に佇んでいた。リスやホシガラスが遊びに来る光景は、まるで絵本の世界。でもここは、おとぎの国ではなく現実。大木がまとうようなゆったりとした雰囲気に包まれているのは、嵐のときも雪のときも、小屋の方々が自然とともに営みを紡いでこられたから。私たちは山小屋の扉を開き、その〝山が生きる時間軸〟にお邪魔させてもらう。

「山小屋ってなにもなくて不便でしょう?」そう聞かれることもあるけれど、私にとってはとても〝贅沢〟な場所。空を眺める時間。大自然に身を置ける感動とありがたさ。星空の明るさ。なにもしない贅沢や、ここにあるものの豊かさを感じられる。……八ヶ岳は、自然の美しさと人のぬくもり、ふたつの大切なものに、たくさん出逢える場所なんだ。

八ヶ岳には魅力的な山小屋ばかりで、何度も同じ宿に通いたい気持ちと、新しいところにも泊まってみたいという気持ちがせめぎ合う。黒百合ヒュッテは天狗岳登山や八ヶ岳縦走の拠点として人気で、軽食やお土産も充実

1. 天狗ノ奥庭から見える黒百合ヒュッテの屋根　2. オーレン小屋の檜風呂　3. 黒百合ヒュッテ「Cafe Chocolate Lily」のこけももマフィン。地元の木材で作られたお皿もすてき　4. オーレン小屋の自家製野菜の桜鍋

5. しらびそ小屋の朝食、厚切りトースト（数量限定。宿泊予約時に要確認）　6. 窓辺にはリスや野鳥が集う　7. みどり池入口から1時間半のしらびそ小屋に泊まり、湖畔でのんびりすごすのも最高だ　8. カラマツの秋

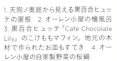

帰りは稲子湯で汗を流そう。八ヶ岳の各登山口には温泉が

看板や内装などに木のぬくもりあふれるしらびそ小屋

軽食メニューのベーグル＆珈琲セットは持ち帰りも可能！

硫黄岳の爆裂火口。強風時は樹林帯の赤岩ノ頭経由が安心

南八ヶ岳の端に位置する硫黄岳。赤岳の眺望も素晴らしい

GUIDE　八ヶ岳連峰は、南北およそ30km、東西15kmに及ぶ山岳高原地帯。このうち夏沢峠以南は「南八ヶ岳」、以北は「北八ヶ岳」と呼ばれている。このルートは岩稜帯の多い南八ヶ岳から苔むす原生林の広がる北八ヶ岳へと、南北の八ヶ岳の魅力を縦走で感じられる。

LEVEL　上級：体力や気分次第で、山頂を目指さないのんびりプランもおすすめ！

ACCESS

〈行き〉
JR新宿駅
↓ 特急あずさ 2時間5分
JR茅野駅
↓ タクシー 1時間
桜平登山口

〈帰り〉
稲子湯バス停
↓ 小海町営バス 40分
JR小海駅
↓ 小海線 45分
JR佐久平駅
↓ 東北・北陸新幹線 1時間15分
JR東京駅

＊3人以上のグループでオーレン小屋に宿泊の場合、茅野駅からの送迎サービスあり。

COURSE TIME

〈1日目〉
TOTAL 4h
① 桜平登山口
↓ 30分
② 夏沢鉱泉
↓ 50分
③ オーレン小屋
☎0266-72-1279
↓ 25分
④ 夏沢峠
↓ 1時間10分
⑤ 硫黄岳
↓ 15分
⑥ 赤岩ノ頭
↓ 50分
③ オーレン小屋

〈2日目〉
TOTAL 6h05min
③ オーレン小屋
↓ 1時間5分
⑦ 根石岳
↓ 40分
⑧ 天狗岳（東天狗）
↓ 1時間20分
⑨ 黒百合ヒュッテ
☎090-2533-0620
↓ 1時間30分
⑩ しらびそ小屋
☎0267-96-2165
↓ 20分
⑪ こまどり沢
↓ 1時間
⑫ みどり池入口
↓ 10分
⑬ 稲子湯バス停

IOUDAKE・TENGUDAKE　硫黄岳・天狗岳 ｜ 八ヶ岳

黒百合ヒュッテに併設されたカフェで特別なひとときを

天狗ノ奥庭は大岩が続き歩きにくいため、中山峠経由でも

根石岳から天狗岳方面。稜線上は風が強いので注意

オーレン小屋の軽食メニュー、ボルシチは名物のひとつ

富士清掃

山仲間たちと参加した富士山の清掃活動。樹海や車道のゴミ拾いなどのほか、写真のように、山麓の地中に埋められた不法投棄物を取り除く作業もありました。「ゴミを故意に捨てない」ことは、ひととして当たり前のことだけれど、いざゴミ拾いをしてみると〝うっかり〟のゴミが多いことにも気づけました。私たちは、山のなかに足を踏み入れ、お邪魔させてもらっている以上、自然界に負荷をかけているのは確かです。だから、誰かのゴミを拾うというよりも、日頃、山歩きをさせてもらっていることへの感謝をこめて、また参加したいと思っています。いつまでも自然が美しくありますように。

11月

NOVEMBER

菰釣山ー神奈川県・山梨県

尾根で選ぶ山 渋さ120%の 甲相国境尾根

「こもつるしやま」と読むらしい。名前も存在もまったく知らなかった西丹沢の山を選んでくれたのは、山慣れた友人だった。

　道志《どうし》側の登山口から尾根上にでるため、沢伝いや谷あいをガツンと登り詰める。晩秋ということもあり、登山道が落ち葉に埋もれ、何度か道を間違えつつも尾根を目指した。

　ブナ沢乗越にでると、菰釣避難小屋がぽつんと佇んでいる。トイレもなく、こわごわ中の様子をうかがうと清潔で、山の静けさを好む人々のすごした気配がまだ残っていた。

　ここからは山中湖の平野まで尾根伝い。私は菰釣山という名前をどうにも覚えられず、歩きながら「こもつるしやま」と何度もつぶやいていた。でもそういえば、今回は「菰釣山へ行こう」ではなく、「甲相《こうそう》国境尾根を縦走して、富士山と山中湖に向かって西にゆこう」というお誘いだった。

　尾根の北側は山梨県道志村（甲斐の国）、南側は神奈川県山北町（相模の国）。国境争いなどの歴史も残るそうだ。尾根から山選びをしたことはなかったけれど、たしかに奥深い。尾根の数は、山頂に比べて無数だ。

　菰釣山から眺める、山中湖越しの富士山。その後、眺望はあまり得られず、しかも、思いのほか小刻みなアップダウンをいくつも繰り返すので、じわじわと体にこたえた。

　山に響くのは、笹を揺らす音、落ち葉を踏みしめる音。「ブナやコナラが多そうな尾根だったから、この時期、気持ちいいと思ったんだよね」と友人が口を開く。足元の葉が変わるたびに、頭上の樹が変化していることを知る。人生いつもいつも、上を向いてばかりじゃないのもいいものだ、などと思いながら、じんわり尾根にひたって進んだ。

　つぎなる山へ淡々と続く尾根を、みな口数少なに黙々と歩く。感情のピークがない感じも、たまらなくいい。山中湖が西日を受け、白金色の光を放つころ、私たちの尾根歩きは終わりを迎えた。

GUIDE　西丹沢の山のなかでも、ひときわ奥まったところに位置するので、登山者も少なく静かな山旅を楽しめる。山頂はなだらかな双耳峰で、山中湖越しの富士山の眺めが美しい。尾根上にはブナやコナラなどの自然林が多いので、春の新緑、秋の紅葉時期がおすすめ。

LEVEL　中級：アクセスが悪いため登山者は少ないが尾根道は心地いい。

「歩く向き」も考慮されたお誘いに感謝！ つぎはどの尾根を歩こうか

ACCESS

〈行き〉
JR新宿駅
↓ 特急あずさ・かいじ 1時間
JR大月駅
↓ 富士急行線 15分
富士急都留市駅
↓ タクシー 30分
中山

〈帰り〉
山伏峠
↓ タクシー 40分
富士急都留市駅
↓ 富士急行線 15分
JR大月駅
↓ 特急あずさ・かいじ 1時間
JR新宿駅

COURSE TIME

TOTAL 5h20min
① 中山バス停
↓ 35分
② 落合橋
↓ 1時間35分
③ ブナ沢乗越
↓ 5分
④ 菰釣避難小屋
↓ 30分
⑤ 菰釣山
↓ 45分
⑥ 油沢ノ頭
↓ 1時間
⑦ 石保土山
↓ 30分
⑧ 大棚ノ頭
↓ 20分
⑨ 山伏峠バス停

＊都留市駅や富士吉田駅からのバスもあるが、本数が少ないので利用するのは難しい。マイカーかタクシーがおすすめ。
＊新宿駅から都留市駅までは高速バスの利用も可能。

KOMOTSURUSHIYAMA　菰釣山 | 神奈川県・山梨県

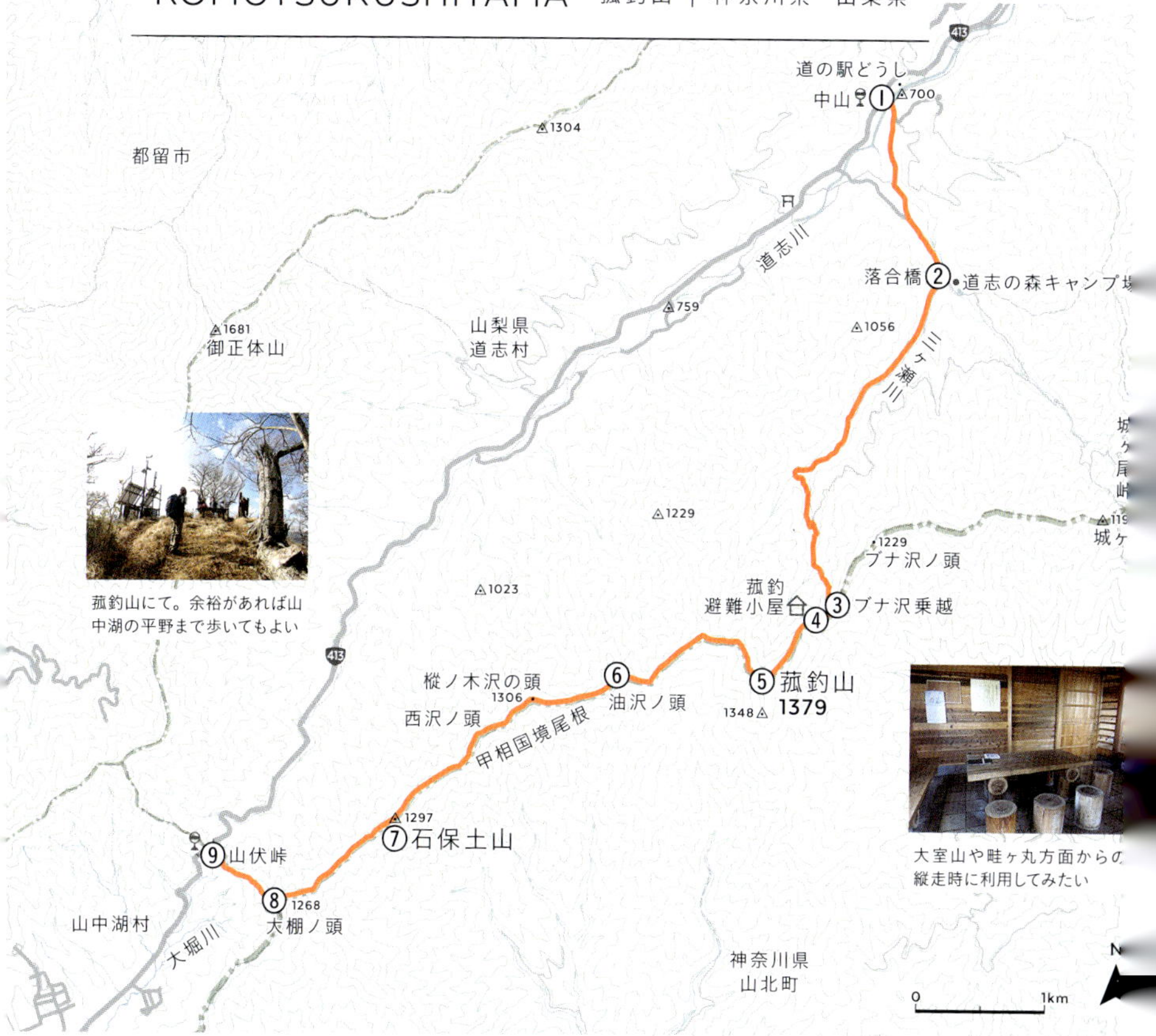

菰釣山にて。余裕があれば山中湖の平野まで歩いてもよい

大室山や畦ヶ丸方面からの縦走時に利用してみたい

くじゅう連山－大分県

季節のはざまのグラデーション。白い花咲く山へ

大分県くじゅう連山、長者原《ちょうじゃばる》の登山口で待ち合わせたのは、福岡に帰省中の、東京の山仲間だ。遡ること5カ月、ミヤマキリシマの花が山をピンクに染めあげる平治岳《ひいじ》をひとり縦走した私は、くじゅうに強く魅せられ、地元・九州の山を登ったことがないという友人に熱弁をふるった。熱とは人を動かすもので、1年で2度目のくじゅう山行が実現した。

2時間弱で、枯れ色になった晩秋の坊ガツルに到着。今宵はここで念願のテント泊。雄大な山に四方を囲まれ、道が集まる坊ガツル。開放的な草原に佇むと、登る山の計画はもう立てているのに、「思いのまま、どの山へ行ってもいいんだ」と、すべての山から手招きされているような、とてつもなく豊かで自由な気分になる。特大の幸福感を味わえるこの場所は、九州のハイカーにとって聖地に違いない。友人は「こんな素晴らしい山域が九州にあったなんて」と感激している。

2日目。平治岳と大船山《たいせん》を目指す。あれ？　山がなんだか白い。初めて見る、一面の霧氷だった。日が昇ると消えてしまいそうなはかない魔法は、ミヤマキリシマが冬の眠りにつく前に、純白の花を咲かせているようにも、厳しい冬を迎える静かな覚悟をまとった姿にも感じられた。移ろいゆく、秋と冬のはざま。季節が交錯するグラデーションのなかで生み出された、幻想的な瞬間に立ち会えたことが幸せだった。この日は、秘湯が人気の法華院《ほっけいん》温泉山荘へ。くじゅうでテントと山小屋、両方に泊まる贅沢を味わう。

3日目は、中岳と久住山《くじゅう》へ。白い噴気を上げる北千里浜は、火星探索に足を踏み入れたみたいだ。山が集まっているので、ピークをいくつも訪ねられるし、あいまに広がるのびのびした道もいい。ピークハントをしてもしなくても、どちらも〝くじゅうらしい〟。海外を彷彿とさせるトレイルだが、これが日本の山だという喜びをかみしめて歩いた。森、草原、荒野、岩稜と、くじゅうは箱庭のようだ。いや、小さな島国の北から南まで多様な気候や自然がつまった日本も箱庭なのか。

幼いころ、「美しい世界」は日本以外のどこかにあるのだと思っていた。でも山歩きをして私は、日本の美しさに何度息を呑んだだろう。「歩く」という行為は、私たちの住む日本が、地球が、「どんなに美しいか」を見つけにゆく旅なんだ。友は山を通し、故郷の九州がもっと大切な場所になったという。それを心からすてきなことだと思った。

おしろいで薄く粧い、上品な佇まいの霧氷。儚さと健気さが美しい

1. 霧氷の白い花　2. 火星を歩いているような北千里浜　3. 久住山山頂にて。阿蘇山や由布岳も見えた　4. 6月の平治岳。山肌をミヤマキリシマのピンクの花が埋め尽くす。夢のなかのシーンのように、にわかには信じられない光景だった。眼下には坊ガツルが

ミヤマキリシマの株が多く、人気の平治岳。奥は大船山

大阪⇔別府港を就航するフェリー「さんふらわあ」（夜発朝着）を利用する方法もアリ！

広い草原状の坊ガツルのテント場。自炊場、トイレあり

九州最高所の温泉は日帰り入浴も可能。ドライヤーあり

法華院温泉山荘の夕食はおでんやにゅうめんなど豪華

GUIDE　くじゅう連山最大の登山基地である長者原から、盟主である久住山を目指すルートは人気のコース。広い盆地のような高層湿原に貴重な植物が生育する坊ガツル、130年の歴史を誇る名湯、法華院温泉など、登山の醍醐味がギュッとつまった山旅を楽しめる。

LEVEL　中級：起伏があり行動時間は長いが気持ちのいい縦走路。難所は少ない。

ACCESS

〈行き〉
羽田空港
↓ ANA・JAL・SKY・SFJ 1時間35分
福岡空港
↓ 高速バスゆふいん号 1時間35分
九重インター
↓ 九重町コミュニティバス 1時間15分
くじゅう登山口バス停

〈帰り〉
牧の戸峠バス停
↓ 九重町コミュニティバス 1時間20分
九重インター

＊阿蘇くまもと空港、大分空港からバスを乗り継いで入山することも可能。レンタカーだとそれぞれの空港から登山口まで約1時間半。
＊牧の戸峠よりもくじゅう登山口のほうがバスの本数が多い。
＊2018年7月14日以降は、博多駅から豊後中村駅までJR久大本線を利用し、そこからコミュニティバスに乗り換えることもできる。

COURSE TIME

〈1日目〉
TOTAL 1h50min
① くじゅう登山口バス停
↓ 1時間10分
② 雨ヶ池越
↓ 40分
③ 坊ガツル

〈2日目〉
TOTAL 4h40min
③ 坊ガツル
↓ 1時間
④ 大戸越
↓ 30分
⑤ 平治岳
↓ 1時間40分
⑥ 大船山
↓ 1時間30分
⑦ 法華院温泉山荘
☎090-4980-2810

〈3日目〉
TOTAL 6h15min
⑦ 法華院温泉山荘
↓ 2時間30分
⑧ 久住分れ
↓ 50分
⑨ 中岳
↓ 1時間
⑩ 久住山
↓ 20分
⑧ 久住分れ
↓ 30分
⑪ 扇ヶ鼻分岐
↓ 45分
⑫ 沓掛山
↓ 20分
⑬ 牧の戸峠バス停

KUJURENZAN　くじゅう連山 | 大分県

阿蘇駅行きのバスに乗って、＋1日で阿蘇の山旅も可能

硫黄山の煙を横目に荒涼とした道をゆく。濃霧時は注意

三頭山－東京都

すてきな樹を探しに初冬の森へ

虫くい穴からのぞいた空

誰かを山へと連れ出すとき、「自然のなかでどんなふうにすごしてみたい?」と聞くようにしている。その問いはどこか〝仲人〟にも似ていて、体力や経験といった「お互いの条件の合致」はもちろん大事だけれど、心の通い合うポイントを探しだせれば、山とのご縁も深くなると思うから。たとえば、いままでの返答はこんな感じ。きのこ観察、絶景でヤッホー、湧き水、温泉、パワースポット……、その人ならではのキーワードがでてくる。

なかでもおもしろかったのは、友人の「すてきな樹に会いたい」というリクエスト。はて、〝すてき〟と感じる基準はどこにあるのか。御神木のこと? はたまた巨木?? 私は悩みに悩んで、三頭山《みとう》へのハイキングを選んだ。スタートは檜原都民の森から。ここはブナやミズナラ、シオジ、カエデなど植生が豊かで、樹の名称や説明のプレートもある。そして、出発前にひとつ提案をした。「惹かれた樹を、最後に報告しあおう」と。

この一言がきっかけとなり、私たちは幹にふれたり、落ち葉の匂いをかいでみたり。葉の落ちた森は木の骨格を露呈させ、幹の表情にも目が向く。また、陽だまりのやさしさや、空の青さにも気づかせてくれる。冬の山歩きの「ないからこそ見えてくるもの」を感じとったり想像したり。樹々たちとたくさんの会話をして歩いた。そして、それぞれお気に入りの「私の樹」を見つけることができた。

三頭山の尾根は、乾いた音をたてる楽器みたいな落ち葉でびっしり。芽を出したどんぐりを発見し、「そうだ、種だもんね」と当たり前のことにふたりで感動する。

落ち葉たちは鮮やかさを失いつつあり、土に還ってゆく途中。山眠る前の輝きを放ち、その美しさにドキドキする。落ち葉の絨毯はいずれ養分となり森を育む。大地にとっても宝物だ。自然の循環の「おわりのはじまり」を垣間見たようだった。

冬枯れの山はどこかやさしくって、人間にかまってくれる。だから、日暮れの早い初冬は、短いコースタイムの山をゆっくりゆっくり、遊ぶように歩くのがいい。冬は「山を味わう」という、〝こころの腐葉土〟を熟成させる時期のように思うから。

最後の休憩で、コーヒーショップで働く友人が、コーヒーをふるまってくれた。

「土の香りがする豆を選んでみたんだけど、ぴったりだったね」。山と私たちが、相思相愛になれたような、いい山歩きだった。

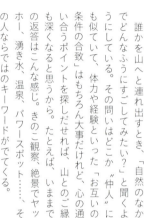

樹々との会話を楽しんで。“の
んびり”は五感を豊かにさせる

1. 季節が深まると太陽が傾いて、影も徐々に長くなってゆく　2. 山頂で富士山がお待ちかね　3. ブイヤベースでランチタイム。冬は食材が傷まないので山ごはん作りも楽しい時期だ。休憩で体が冷えぬよう対策を　4. カサカサと音をたてる落ち葉たち

凍結しはじめた三頭ノ大滝。
さまざまな自然観察ができる

氷に閉じ込められた葉っぱ。
朝夕、山は氷点下になる

冬は葉が落ち、空が大きくなる。野鳥の姿も見つけやすい

落葉に埋もれた急坂に足をとられるが楽しみも多い

GUIDE　奥多摩の東西に延びる尾根の最西端に位置するのが三頭山だ。山頂周辺には東京都で最も豊かなブナ林が広がる。とくに三頭ノ大滝からムシカリ峠までは「ブナの路」と呼ばれ、気持ちのよいブナの森を歩くことができる。下山後は数馬の湯で汗を流そう。

LEVEL　中級：紹介コースは長いので、日没時間や体力にあわせた計画を。

ACCESS

〈行き〉
JR新宿駅
↓ 中央線特快 30分
JR立川駅
↓ 青梅線・五日市線 35分
JR武蔵五日市駅
↓ 西東京バス急行 1時間10分
都民の森バス停

〈帰り〉
温泉センターバス停
↓ 西東京バス 1時間
JR武蔵五日市駅
↓ 青梅線・五日市線 35分
JR立川駅
↓ 中央線特快 30分
JR新宿駅

*行きは急行以外のバスを利用することもできる。

COURSE TIME

TOTAL 5h
① 都民の森バス停
↓ 15分
② ケヤキ平
↓ 1時間15分
③ ムシカリ峠
↓ 20分
④ 御堂峠
↓ 5分
⑤ 三頭山
↓ 15分
③ ムシカリ峠
↓ 1時間40分
⑥ 槇寄山
↓ 1時間10分
⑦ 温泉センターバス停

MITOSAN　三頭山 | 東京都

三頭山避難小屋にトイレあり。ペーパーは持参を！

槇寄山経由だと行動時間が長いので、サブルートも◎

XI

朽葉四十八色

青朽葉《くちば》色、黄朽葉色、赤朽葉色……。いにしえの人々は、秋になって木々が落とした葉が徐々に朽ちて土にかえってゆくさまに、「朽葉四十八色」というほど繊細な色の違いを見いだしたそうです。「朽葉色」の〝朽ちる〟という言葉には、どこか命の意志が宿っているようで、植物の命が発する色にいつも魅了されます。そのほかにも日本の伝統色には、桜色、萌黄《もえぎ》色、月白《げっぱく》色、東雲《しののめ》色など、風景や温度、匂いまでもが甦るような情緒ある名称がたくさん。山歩きをすることで、色の名に呼応する情景に出会う楽しみを知りました。また、土や岩、闇夜の色がとてもカラフルだということも！ 心に摘んだ美しい色たちが、私の世界を彩ってくれています。

12
月

DECEMBER

大福好きの大福に捧げる大福山登山

大福山－千葉県

唐突だが、私の大好物は大福だ。ある日、ひょんなことから千葉県に「大福山」という山があることを知った。大福好きとしては、これは行かねば！と妙な使命感を感じ、年上の友人夫婦（こちらは餅が大好物）を誘い、彼らの友人も加わって4人で「大福山で大福の品評会」をすることにした。ルールはひとつ。各自2種以上、大福を持ち寄ること。

おのおの、得意先回りの合間や会社帰りに、大福を求めて奔走した。私は……というと、原宿や赤坂の名店に行ったのだが、ことごとく「売り切れ」の張り紙。お目当てにフラれ、企画の言い出しっぺのくせに、当日、3つのコンビニチェーンで大福を買うこととなった。大福に翻弄され、すでに町で筋肉痛だ。

大福山の紅葉はちょうど見頃。温暖な房総半島に位置し、紅葉が関東でいちばん遅くまで見られるそうだ。大福山までは車道のため、今川焼の露店などもあり（私なら大福を売りたい!!）、多くの人でにぎわっている。「Mt. DAIFUKU」の看板は私の胸をときめかせ、展望台から見渡す銚子や勝浦、東京湾の眺望は、うれしい驚きをくれた。

さて、いよいよ山頂のテーブルで大福品評会。和紙に筆ペンで店名を記入し、赤い毛氈《もうせん》（に見立てたクリスマス用の布）で雰囲気をだす。「豆大福や塩大福。こし餡、つぶ餡、白餡。合計11個の大福を4等分にして食べ比べ、一人3票を投じる。

意外にも、選りすぐりの和菓子屋の名品のなかで健闘し、大穴の2位となったのは、セブン-イレブンのいちご大福。とにもかくにも苺と餡のハーモニーの破壊力に一同脱帽……。インスタントの抹茶で一息いれ、大イベントを完遂した、ちょっとした疲労感（一人約3個の大福を食しているのだ）を癒やした。

車道を離れ、梅ヶ瀬渓谷へ進むと、すてきな森に囲まれたハイキングコースだった。高さ50mもの断層が削られた谷、ゆるやかに流れる美しい渓流。何度も浅瀬を徒渉する場面もあったりと、紅葉、海、渓谷、まさに大きな福を得た山歩きとなった。

大人が4人。無邪気に大福を食した大福山。人はこれを〝不純な動機〟とか〝ゆるい山行〟というのかもしれないが、私にとっては、いたって大真面目な山歩き。山へ行く理由はいくらあっても足りなくて、つまるところは「山が好き」という気持ちだけなのだ。

またひとつ、愛おしい山を見つけるキッカケとなったことがなによりもうれしい。

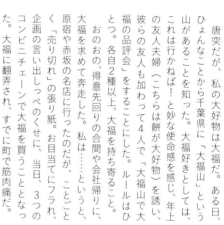

いざ、実食！　豆大福、栗大福、
いちご大福、クリーム大福など

1. 視線を感じて探してみると、ぱっちりお化粧をした葉っぱを発見！　2. カエデの紅葉が美しい紅葉谷から、梅ヶ瀬渓谷の流れに沿って歩く。両岸が深く切れ込み、圧巻　3. 大福山展望台から見渡す房総の山並み　4. 集落を抜け、車道を歩いて大福山へ

ローカル線情緒たっぷりの小湊鐵道で小旅行気分を

GUIDE　千葉県市原市の最高峰である大福山は、植物相が豊かな山。大福山自然林は、県の指定天然記念物で樹木112種、草木272種などが確認されている。山の東側は紅葉の名所として知られる梅ヶ瀬渓谷で、関東では遅めの11月下旬でも色づく秋を堪能できる。

LEVEL　初級：大福山までは車道歩き。梅ヶ瀬渓谷の徒渉で滑らぬよう注意。

ACCESS

〈往復〉

JR東京駅

↕ 京葉線・内房線 1時間

JR五井駅

↕ 小湊鐵道 1時間

養老渓谷駅

COURSE TIME

TOTAL 3h20min

① 養老渓谷駅

↓ 30分

② 朝生原トンネル

↓ 50分

③ 上古屋敷

↓ 15分

④ 大福山

↓ 30分

⑤ 日高邸跡分岐

↓ 50分

② 朝生原トンネル

↓ 25分

① 養老渓谷駅

DAIFUKUYAMA　大福山 | 千葉県

千葉県の自然の豊かさを感じられる山並み。紅葉も美しい

梅ヶ瀬渓谷では沢を渡るので防水靴で。夏場はヒルに注意！

唐津オルレ－佐賀県

ローカル エンターテインメント 九州オルレ

福岡近郊には、日帰りで歩ける小さな山がたくさんある。なかでも糸島の山がお気に入りなのだが、今回はすこし遠出をして（といっても1時間半ちょっと）、お隣、佐賀県の「唐津オルレ」へ足を延ばした。

現在、九州各地には「オルレ」と呼ばれる19のコースがある。これはもともと、韓国・済州島で生まれたトレッキングコースの総称で、「通りから家に通じる狭い道」という意味だそう。九州オルレは気軽に歩けるローカルトレイルだ。

まず、道の駅・桃山天下市の観光案内所で地図をもらってスタート。カンセという馬の形をした標識や矢印、リボンを頼りに歩く。

前半は名護屋城跡をめぐるコースで、豊臣秀吉の「文禄・慶長の役」の拠点として築かれた陣跡がある。全国から大名が集結し、徳川家康、前田利家、伊達政宗など大河ドラマ主人公格の武将の面々が！　桃山時代を想像力で再現したり、陣営配置によって見え隠れする秀吉との主従関係も興味深かった。

400年前の古道を進み、途中、城跡の一角に建てられた茶室でお抹茶とお菓子をいただきひとやすみ。民家やみかん畑の、のどかなあぜ道歩きは、猫の散歩のようだ。唐津焼の窯元を通ったりしながら集落を抜け、柱状節理の絶壁に波が砕ける波戸岬まで歩いた。

唐津オルレのハイライトは、なんといってもゴール地点で食べる「サザエのつぼ焼き」だろう。屋台ではおかあさんが玄界灘のサザエを目の前で焼いてくれ、イカの一夜干しも甘くて絶品。屋台をゴールにするとは、なんとも粋な計らい。唐津オルレは、地域の自然、文化、歴史、食を余すところなく体感できる、小さなエンターテインメント・トレイルだ。

ほかのコースも魅力いっぱいのオルレ。嬉野は茶畑、高千穂は渓谷など、それぞれ特色がある。ちなみに今回の最高地点は天守台跡の89m。ウォーキングに近いのかもしれないけれど、いい〝山旅〟ができる道だった。

GUIDE　九州の自然を楽しんでほしいという願いをこめて整備された九州オルレ。2018 年 5 月現在、19 コースが開通。なかでも唐津オルレは、豊臣秀吉が築いた名護屋城などに歴史を感じられるのが魅力。ゴールには焼きたてのサザエのつぼ焼きが待っている！

LEVEL　初級：スニーカーで歩ける道。ショートカットも可能。

ACCESS

〈行き〉
羽田空港
↓ ANA・JAL・SKY・SFJ 1時間35分
福岡空港
↓ 地下鉄空港線 1時間30分
JR唐津駅
↓ 昭和バス 35分
名護屋城博物館入口バス停

〈帰り〉
サザエのつぼ焼き屋台
↓ タクシー 10分
名護屋城博物館入口バス停
後は行きを戻る

＊帰りは波戸岬バス停から路線バスを利用することもできるが本数は少ない。

COURSE TIME

TOTAL 4h45min

① 名護屋城博物館入口バス停（道の駅桃山天下市）
↓ 1時間
② 堀秀治陣跡
↓ 40分
③ 茶苑「海月」
↓ 30分
④ 肥前名護屋城跡天守台
↓ 35分
⑤ 唐津焼窯元（炎向窯）
↓ 50分
⑥ 上杉景勝陣跡
↓ 25分
⑦ 波戸岬キャンプ場
↓ 45分
⑧ サザエのつぼ焼き屋台

散策感覚で歩ける唐津オルレ。サザエのつぼ焼き屋台（☎ 0955-82-5972）がゴール!!

KARATSU OLLE　唐津オルレ｜佐賀県

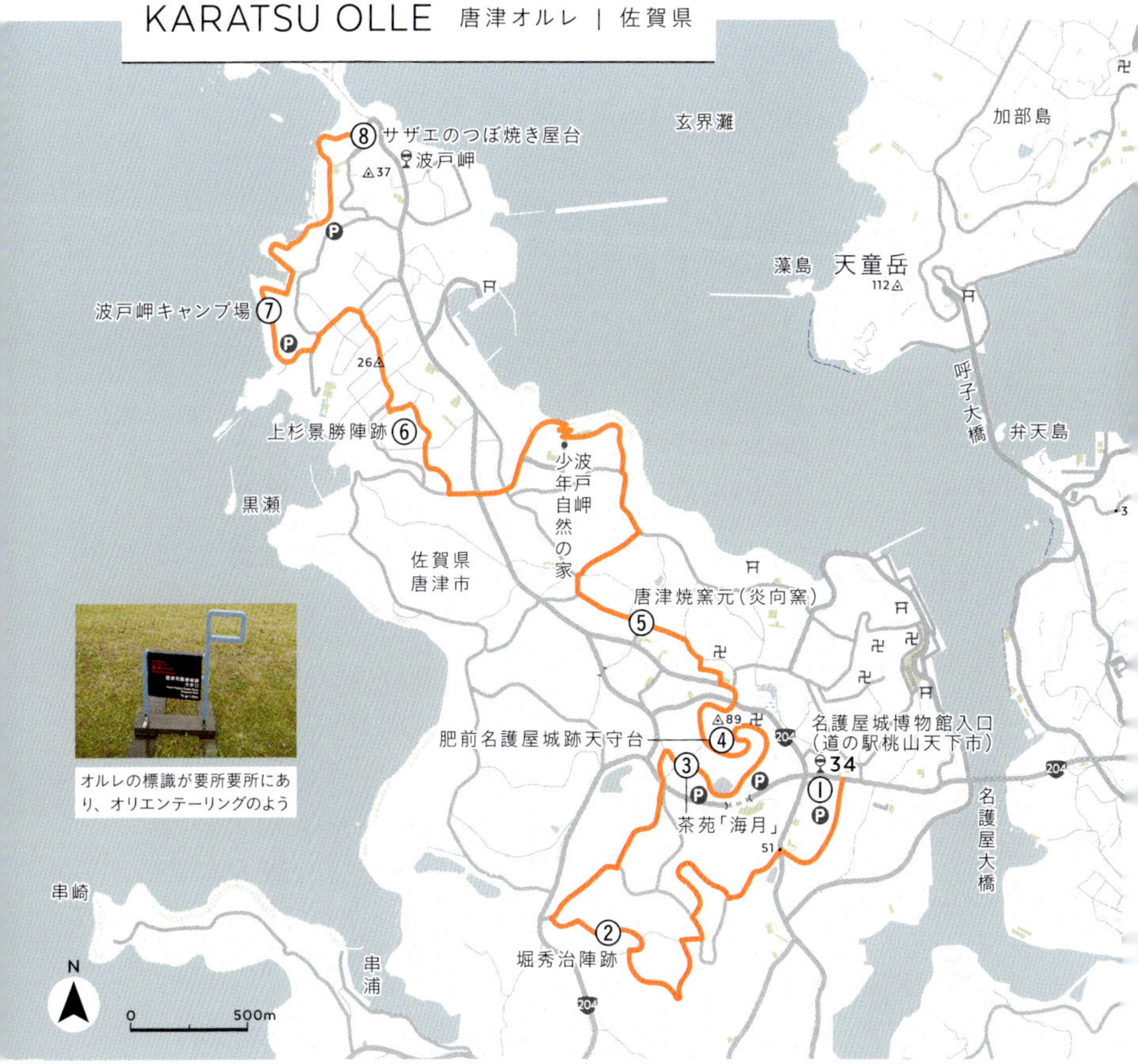

オルレの標識が要所要所にあり、オリエンテーリングのよう

八ヶ岳の山小屋で年越しを

白駒池・縞枯山―北八ヶ岳

　山小屋で初めての年越し。憧れの日を迎えるとあって、気持ちが弾んだ。雪の上の足跡はカモシカのもの。動物の歩き方は上品で美しく、こんなふうに大地をやさしく歩けたらと思う。姿は見えなくても、ここに暮らす彼らの心音が届き、「今日はお邪魔します」と挨拶した。シャクナゲは、葉を閉じて越冬中。先端に準備されているのは、春を待つ葉芽だ。冬の森の「静」のなかに息づく「生」。じっと眠っているように見える冬は、動き出すまでの大切な時間。冬景色は、やがて来る春をより鮮やかにしてくれる。

　春夏秋と、透明な水を湛えていた白駒池が氷結している。凛とした空気と無垢な白色に清められ、心の煤《すす》払いをしたような気持ちで白駒荘のドアを開けた。小屋の薪ストーブと床暖房があったかい。白駒荘のご主人から、一年を締めくくる挨拶と心尽くしの料理が振る舞われ、宿泊客数組でお酒をすこし酌み交わす。やわらかな一体感に包まれ、白駒池の大晦日は慎ましやかに更けた。

　元旦。窓の外がうっすらと明るい。窓には霜の結晶の飾り模様が。外へでると、時までも凍りついたような静寂。おそるおそる凍った湖上に歩を進め、まっさらな雪原に足跡をつけた。すると、無限に広がる世界を切り拓くのは私自身なのだと勇気が湧いてきた。

　稜線から日が昇り始め、時が動き出す。太陽の光が、新しい朝、新しい年、新しい自分を連れてきた。

　「いい一年にできますように」と空に祈る。こんなお正月をすごす日がくるなんて、想像すらしていなかった。今日はいつも、未来の一日目。踏み出した足はいつだって新しいはじめの一歩だ。

　このあと、縞枯《しまがれ》山にも行ってみよう。きっとそこには、まだ見たことのない景色、まだ出会ったことのない自分が待っている。そう考えるだけで、山に導かれる未来が楽しみでしょうがない。

GUIDE　夏は大勢の人でにぎわう白駒池も、冬は登山者が少ないので落ち着いた山行を楽しめる。ただし、雪山なので防寒装備とスノーシューやアイゼンは必ず携行すること。白駒荘は2018年から新館を建設中（旧館は通常営業）。年末年始の営業は、電話で確認のこと。

LEVEL　中級：積雪量や天候、経験によって登頂するかどうか判断を。

ACCESS

〈往復〉

JR新宿駅

↕ 特急あずさ 2時間5分

JR茅野駅

↕ アルピコ交通 バス1時間5分

北八ヶ岳ロープウェイ山麓駅

↕ 北八ヶ岳ロープウェイ 7分

北八ヶ岳ロープウェイ山頂駅

COURSE TIME

〈1日目〉
TOTAL 2h05min

① 山頂駅
↓ 40分
② 出逢いの辻
↓ 35分
③ 大石峠
↓ 10分
④ 麦草峠
↓ 20分
⑤ 白駒池入口
↓ 20分
⑥ 白駒荘
☎0266-78-2029

〈2日目〉
TOTAL 3h20min

⑥ 白駒荘
↓ 35分
④ 麦草峠
↓ 15分
③ 大石峠
↓ 55分
⑦ 茶臼山
↓ 45分
⑧ 縞枯山
↓ 50分
① 山頂駅

茶臼山にて。八ヶ岳には年末年始営業の山小屋が多く、登山者でにぎわう

SHIRAKOMAIKE・SHIMAGAREYAMA　白駒池・縞枯山 ｜ 北八ヶ岳

白駒荘のお節料理。年越しメニューがうれしい

雪山ハイクの経験値が上がってきたら山頂へ行ってみよう

おわりに

たくさんの美しい靴があるなかで
登山靴を履く人生に出会えて、ほんとうによかった。
この靴なら、どんな道だって歩くことができる。
この小さな一歩が新しい世界につながっていると信じられます。

さまざまなバッグがあるなかで
ザックを背負う人生に出会えて、ほんとうによかった。
生きるうえで大切なものを抱えながら
笑顔で歩ける、自分のペースを知ることができました。

私の登山靴とザックは、
自然や人とのすてきな出会いに導いてくれました。

山へ行くと、強くなれる。弱くもなれる。
その両方が大事、と感じています。

山から持ち帰った感動や喜びの、目に見えない〝種〟は
大地に根をはり、芽吹き、光にむかって枝葉を広げ、

いまでは私を支える、しなやかな幹となってくれています。
これからも山を歩き、
心に豊かな森をゆっくりと育んでゆきたい。
そう思っています。

自然からもらったものはたくさんあります。
そのひとつは、この本にも登場する
山をいっしょに歩いてくれた友人たちです。
いつもほんとうにありがとう。

この本を読んでくださったみなさんが
自分らしい、ほがらかな一歩で
山を楽しんでくださったら……と心から願っています。
12ヵ月の日々の記憶に、人生の折々に、
美しい景色が添えられてゆきますように。
いつか、どこかの山で、お会いできればうれしいです。

２０１８年５月　四角友里

四角友里（よすみゆり）
—
アウトドアスタイル・クリエイター
1979年埼玉県川越市生まれ。
「山スカート」を世に広めた、女子登山ブームの火付け役。
全国での講演活動、執筆、アウトドアウェア・ギアの企画開発などを手がける。
着物着付け師としての顔も持つ。
ニュージーランド永住権を取得し、在住。
現在は日本を拠点に、四季折々の自然を味わいながら山歩きの魅力を伝えている。

著書
『デイリーアウトドア』（KADOKAWAメディアファクトリー）
『一歩ずつの山歩き入門』（枻出版社）
ホームページ：www.respect-nature.com

山登り12ヵ月

アートディレクション＆デザイン　矢部綾子（kidd）
地図製作　アトリエ・プラン
編集　五十嵐雅人（山と溪谷社）
　　　大関直樹
校正　末吉桂子
写真　加戸昭太郎、矢島慎一、高橋郁子、大塚友記憲、逢坂 聡、田渕睦深
写真提供　山歩みち

2018年7月1日　初版第1刷発行
2018年7月10日　初版第2刷発行

著者　四角友里
発行人　川崎深雪
発行所　株式会社山と溪谷社
　　　〒101-0051
　　　東京都千代田区神田神保町1丁目105番地
　　　http://www.yamakei.co.jp/
印刷・製本　株式会社光邦

○ 乱丁・落丁のお問合せ先
山と溪谷社自動応答サービス TEL 03-6837-5018
受付時間／10：00-12：00、13：00-17：30（土日、祝祭日を除く）
○ 内容に関するお問合せ先
山と溪谷社 TEL 03-6744-1900（代表）
○ 書店・取次様からのお問合せ先
山と溪谷社受注センター TEL 03-6744-1919　FAX 03-6744-1927

Printed in Japan
ISBN978-4-635-33069-5